大学生の
学びをつくる
New Basics for
Collegiate Learning

わかる・身につく
歴史学の学び方

第2版

大学の歴史教育を考える会 編

大月書店

はしがき

　本書は，これから歴史学を学びたいと思っている人，あるいはすでに歴史学を学んだが，引き続きその方法について考えたい人，また，歴史学とはどんなものなのか知りたい人などに，気軽に開いてもらえるように編まれた。2016年の刊行後，幸い大学の授業をはじめいろいろな場所で活用していただき，何度か増刷をした。だがこの本を世に送り出した頃から時代は変化している。それもあって一部改訂を行うことにした。とはいえ，情報のアップデートや歴史教育の変化への対応を行った一方で，みなさんに伝えたいことの中核の部分は，大きくは変えていないつもりである。

　さて大学で歴史学を学び始めたみなさんは授業におもしろさを感じ，かつ不安もあるだろう。歴史学は学問として長い歴史があるので，カリキュラムは体系的につくられている。みなさんはそれに従い専門的な研究の方法を学んで最後には卒業論文を書く。その際，先生と具体的な相談をしながら進めることになる。それでも，いろいろと戸惑うことがあるだろう。そこで私たちは歴史学を学ぶ際に突きあたる，最初の戸惑いや疑問に答えようとした。またその戸惑いや疑問は，1，2年生の段階で解決するとは限らず，卒業するまで感じ続けるかもしれない。そんなときはぜひ，本書を開いてほしい。

　本書は以下の三つの観点で書かれている。

　第一に歴史学の考え方について，いろんな側面から探りたい。みなさんは，「歴史総合」を学び，また，「日本史探究」，「世界史探究」という科目を履修したかもしれない。そこでは歴史の流れを追うと同時に，なぜそう言えるのかといったことを考える機会もあったと思う。高校の先生たちはさまざまな試みによって，みなさんに歴史について考えてもらおうと努力している。また入試問題も，歴史学的な発想を養うため工夫がされている。本書はまず，高校までの学習をさらに深めて，大学での歴史学の勉強につなげていくことから始めたい。

　第二に研究論文や文献を探して読み，まとめる方法についてアドバイスを

していく。大学の講義では多くの情報が耳に入ってくる。また自分で主体的に情報を得なくてはならないこともある。ではどのようにそれを集め，また整理したらよいだろうか。

　いまやスマホで即座に情報が入ってくる。しかしその内容は本当に正しいのだろうか。正確な事実を見分けることは，歴史学研究にとって最も重要である。本書では情報を集めて整理する方法，本を探して読みノートをとるといったことから，説き起こしてみたい。

　第三に自分の興味のあるテーマを探し，かつ歴史学的に考察することについて述べていきたい。さらには，そもそも歴史学を学ぶことはみなさんにとってどんな意味があるのか，ということを考える手がかりを示したい。

　各専門分野の研究方法については，定評ある文献が存在するのでそちらにお任せする。本書では研究のためにどうしても必要なことがら，たとえば，歴史学の概念とはどのようなものか，あるいは研究史とは何か，史料はなぜ大切かといったことについて解説する。そして卒業論文を無理なく進め，さらには教員として歴史を教えたいと考える人のためのアドバイスもしたいと思う。

　以上の観点から，本書は「第Ⅰ部　歴史学へのいざない」，「第Ⅱ部　歴史学がわかる――学びのツボ」，「第Ⅲ部　歴史学を身につける――研究への橋渡し」の三部から構成した。なお第Ⅰ～Ⅲ部は，以上の三つの観点との対応を意識しているが，必ずしもすべてが一致するわけではない。第一の観点は，歴史学への導入を含むので第Ⅰ部でふれる。しかし歴史学の考え方は，学ぶことが高度となり，自分で研究に進んでいく際にも必ずつきまとうので，第Ⅱ，Ⅲ部でも扱っていく。第二の観点は第Ⅱ部との関係がかなり深いが，第Ⅰ部でもふれている。なお第三の観点の研究の方法については，主に第Ⅲ部で扱うことになるだろう。ここでは自分の関心のあるテーマを探し，歴史学の研究としてまとめていく最初の一歩を示したい。

　みなさんは関心あるテーマや，時代・人物についての興味にそくして専門の分野に通じていくことになるだろう。とはいえそれぞれの専門の勉強に入っても，自分の追究するテーマが歴史学の全体のなかでどのような位置にあ

るのか，ということも考えてみてほしい。またそもそも，歴史学を学ぶこと自体の意味を問うことは，本書全体を貫く通奏低音なのである。

　本書が出版されてから3年ほどを経た頃，世界はパンデミックの大波にのまれた。大学教育はオンライン授業という，これまで想像しなかった技術によって行われた。そしてこの数年は，生成AIの進歩によって，大学教育も大きな試練に直面している。さらに歴史学の方法も，さまざまな意味でデジタルに依拠する度合いが飛躍的に大きくなった。

　この変化をどのように考えたらよいのか。歴史学は過去を知る学問だから，私たちを取り囲む世界の変化とは関係がないだろうか。いやそんなはずはない。われわれは一定の歴史的な条件のもとにある社会のなかで，歴史に関心をもってきた。編者たちは工業化時代に生まれた。ITとはほぼ無縁だったが，「右肩上がり」の時代だった。みなさんは，ITが普及するなかで育ち，紛争が絶えない世界や地球温暖化の深刻化，人口の減少に直面しながら歴史学を学び始めた。よって本書の編集に携わる私たちより，歴史学研究のツールを使いこなせるだけでなく，過去の人類の営みを新しい視点で分析することができるかもしれない。だからこそ自分のテーマを追究しつつ，歴史学とは何か，歴史学を学ぶ自分はどこにいるのか，という問いを考えてみてはどうだろうか。私たち編者もみなさんと一緒にその問いに向きあっていきたい。

　総じて本書は，学生のみなさんが自分のテーマを追究する手助けをすると同時に，どうして歴史学を学ぼうと考えたのか，受験のための歴史，あるいは大学で学ぶ歴史学はみなさんにとっていかなる意味をもつのか，さらには歴史学はどのように役に立つのか，といったことを繰り返し考えてもらう機会を提供することになると思う。また大学で歴史学を教える人びとや，すでに歴史学を学び社会に出た方にも，現在と歴史学，歴史学の教育のあり方について考える素材となれば，編者一同の望外の幸いである。

2025年1月

大学の歴史教育を考える会を代表して　源川真希

目次

はしがき（源川真希）　iii

第Ⅰ部 歴史学へのいざない

第1章 高校の歴史から大学の歴史学へ（津野田興一） ……………… 2
1. 問いかけ —— 入試問題から　2
2. 高校の歴史学習と大学の歴史学では何が違うか　8
3. 知の転換　13

第2章 視点を変え通説を疑うことから始める歴史学
　　　 —— ガンディーは誰にとっての「偉人」なのか（志賀美和子）……… 17
1. 教科書に見るガンディー　17
2. 伝記でたどるガンディーの「偉業」　22
3. 視点を変える ——「周縁」におかれた人びとから見たガンディーと独立運動　24
4. 定説を疑い, 常識を疑う —— 歴史学への第一歩　30

第3章 漫画から入る歴史学（津野田興一）……………… 34
1. 『葬送のフリーレン』　34
2. 『ヴィンランド・サガ』　37
3. 歴史学は過去をどこまで再現できるのか？　39
4. 歴史系漫画へのお誘い　41

コラム1　町の本屋さんで迷う（津野田興一）……………… 47
コラム2　図書館へ行こう（源川真希）……………… 49

第4章 4年間で歴史学を身につける
　　　── 学びの過程とその意義（割田聖史）……………………… 51
　　1. 大学で歴史学を学ぶとは　51
　　2. 歴史や歴史学を学ぶことで身につくもの　55
　　3. 歴史学を学ぶ意義　60

コラム3　博物館で歴史に出会う（割田聖史）……………………… 67
コラム4　歴史研究者はデジタル時代に大量の情報と
　　　　どのように向きあうか（小風尚樹）……………………… 70

第Ⅱ部　歴史学がわかる ── 学び方のツボ

第5章 歴史学の方法を考える文献を
　　　読んでみよう（源川真希）…………………………………… 76
　　1. E.H. カー著『歴史とは何か』は，入門書として
　　　使えるのだろうか？　76
　　2. 歴史の見方が変わるなんてことがあってもよいのか？　77
　　3. 歴史を書く人，考える人をとりまくもの　78
　　4. 人物を取り上げて歴史を見る　80
　　5. 歴史を見る際に何を基準とするか？　81
　　6. 歴史学は役に立つのか？　83
　　7. 若干の解説と議論のすすめ　84

第6章 概説書を読んでみよう
　　　── 本格的な歴史の勉強の入口に立つ（小嶋茂稔）………… 87
　　1. 概説書との「出会い？」　87
　　2. 概説書って何だろう　87
　　3. 概説書の読み方 ── 中国史を素材に　93
　　4. 概説書と研究書の間　98

第7章 研究論文・研究書の読み方（源川真希）………… 102
　1. 論文とは何か？　102
　2. まずは内容を理解する　103
　3. 研究書の読み方　104
　4. 次のステップ　批判的に読む　106

第8章 読書ノート作成のすすめ（志賀美和子）………… 108
　1. なぜ読書ノートが必要か　108
　2. 押さえるべき基本情報　112

第9章 ゼミ発表の仕方（川手圭一）……………………… 114
　1. 歴史学ゼミの三つのかたち　114
　2. 発表・議論の場としてのゼミ　115
　3. ゼミ発表に向けた準備／ゼミ発表のレジュメづくり　115
　4. 議論を広げる次のステップ　119

コラム5　「慰安婦」問題とジェンダー（本庄十喜）……………… 120

第Ⅲ部　歴史学を身につける ── 研究への橋渡し

第10章 歴史学の概念とは何だろう（川手圭一）………… 124
　1. 歴史学上の概念とは？ ── 歴史研究に登場するさまざまな「用語」を考えてみよう　124
　2. 「市民」概念を考える　126
　3. 人びとをとらえるさまざまな概念　130
　4. 「国民」「民族」「人種」どんな概念だろう？　133

第11章 中国史研究から考える概念の
　　　重要さと難しさ (小嶋茂稔) ………………………… 136
　　1. 概念はなぜ必要なのか　136
　　2. 漢代の「豪族」　138
　　3. 魏晋南北朝・隋唐時代の「貴族」　143

第12章 研究史を知ろう
　　── 歴史研究にも歴史がある (鎌倉佐保) ………………… 150
　　1. 研究史整理とは　150
　　2. 先行研究の情報を仕入れる　152
　　3. 歴史研究の歴史をたどる　154

コラム6　史料と出会う ── 日本史 (鎌倉佐保) ………………… 160

第13章 研究書・論文を探そう (小嶋茂稔) ……………………… 162
　　1. ネット検索より，まずは「芋づる式」探索を！　162
　　2. 「文献目録」と「研究動向論文」も有効活用　165
　　3. 大学の図書館を徹底利用　166

コラム7　史料と出会う ── 中国史 (小嶋茂稔) ………………… 169

第14章 外国史の史料を日本語で読んでみる
　　── ジャンヌ・ダルク関連史料を使って (加藤　玄) ……… 172
　　1. 外国史の史料を読む　172
　　2. 「史料を読む」ことの難しさ　176
　　3. 「批判的に読む」とは　178
　　4. 新しい史料解釈へ　185

第15章 つながる歴史，つながらない歴史 (佐々木真) ……… 188
　　1. つながる歴史？　188
　　2. フランス絶対王政の理解　189

3. 新たな絶対王政像の模索　191
4. つながらない歴史から見えてくるもの　198

|コラム8|　卒論と向きあった日々（李　相眞）…………………… 203
|コラム9|　そして研究へ ── 西洋史への入口（斉藤恵太）………… 208
|コラム10|　教師をめざすみなさんへ（小嶋茂稔）……………………… 213

終　章　卒業論文までの道しるべ
　　　　（大学の歴史教育を考える会）………………………………… 216

図版出典一覧　222
あとがき（津野田興一）　223

第Ⅰ部

歴史学へのいざない

第1章
高校の歴史から大学の歴史学へ

1. 問いかけ——入試問題から

第一の問い

　資料1は，2024年2月に実施された学習院大学文学部入試の世界史論述問題である。本学部は最後に必ず200字論述を2つ出題するのが定番となっているが，新学習指導要領に基づいて始まった「歴史総合」を意識して，「日本史を含む世界史」という観点が盛り込まれるようになったものと思われる。みなさんは，歴史総合を学んだ後に「世界史探究」や「日本史探究」に進んだことだろう。授業のなかでは，単なる知識の集積ではなく，史資料の読解を含めた思考力・判断力・表現力を問う学習を経験してきたはずだ。資料1では，「長崎に来航した中国船の数」を示すグラフの意味を読みとる力が求められ，さらにそれを歴史的に位置づける必要もあった。結果として，従来に比べて難易度が若干上がったのではないかと考えられる。ここで，何を書いたらよいのか，考えてみてほしい。できれば，200字にまとめてみよう。

　「グラフから読み取れることに触れながら」とあるので，指定語句に関する知識だけを書くのでは正解にはたどり着けないだろう。また，「17世紀における東アジアの政治変動」が何を指しているのかを，グラフや指定語句から正しく読みとる力も試されていると思われる。

　では，解説してみよう。まずはグラフを見ると，1660年代から80年代にかけて，長崎に来航する中国船の数が減少し，80年代半ば以降激増すると

資料1

次の主題について，与えられたキーワードをすべて用い，200字以内で歴史的に論述しなさい。なおキーワードには下線を付しなさい。句読点は1マスに1つずつ，数字は1マスに2字まで入れなさい。(30点)

A．〔表1〕は1647年から1700年の間に長崎に来航した中国船の数をグラフ化したものである。
このグラフから読み取れることに触れながら，17世紀における東アジアの政治変動について論述しなさい。

　キーワード：康熙帝・鄭氏台湾・海禁

〔表1〕中国船長崎来航数（単位：艘）

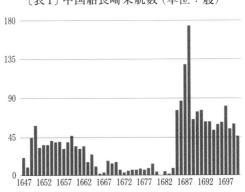

う顕著な変化を読みとることができる。これは何を示しているのだろうか。指定語句を見てみると，「康熙帝・鄭氏台湾・海禁」とあることから，「東アジアの政治変動」とは，中国における明清交替とそれにともなう鄭氏台湾に関する問題であることが見えてくるだろう。鄭成功(ていせいこう)という人物が，倭寇の頭目である鄭芝龍(ていしりゅう)と，平戸出身の田川マツの子であることは，近松門左衛門の人形浄瑠璃『国姓爺合戦(こくせんやかっせん)』でも有名である(資料2)。ちなみに，倭寇＝海賊というかつての図式的な理解は近年の高校教科書でも克服されており，山川出版社の『詳説世界史』(2022年検定済，2024年版発行，154頁)では，「交易の利益を求める人々が明の統制政策を打破しようとする動き」と説明されている。簡潔に言うと，武装した交易集団と理解すべきだろう。鄭成功について同教

資料2　鄭成功（国姓爺合戦）

科書（169頁）では，「東南沿海で武装貿易船団を率いて清に抵抗」した人物と位置づけている。彼は当時オランダが貿易の拠点としていた台湾のゼーランディア城を攻め落とし，海上勢力として君臨するようになった。明の遺王を助けたことから，明の帝室の姓である「朱」を賜ったため，「国姓爺」とも呼ばれた。だから，鄭成功ではなく朱成功と呼ぶべきだろうか。ともあれ，グラフから，1640～50年代は，主に鄭成功らの海上勢力が日本との交易を担っていたと説明できるだろう。

　しかし，「反清復明」を唱えて台湾を拠点に活動していた鄭成功の勢力を経済的に封鎖するため，清朝は康熙帝時代の1661年に遷界令を出して海禁を実施したのである。東シナ海をまたにかけ，中国東南沿海と日本の平戸など五島列島を結ぶ交易を行っていた鄭成功らの活動は禁じられた。このような貿易の統制は明以来しばしば実施されてきたのだが，康熙帝によるそれは特に厳しく，東南沿海の住民たちを丸ごと内地に強制移住させて沿岸を無人化するほどであった。とても日本へ渡航することなどできなくなったのだ。そして，鄭氏一族が清に降伏した1683年以降になると，ようやく海禁が解除された結果，長崎での貿易が活況を呈するようになったのである。

　学習院大学のこの設問は，江戸時代の長崎における貿易が大きな変動をきたした背景を，清朝による中国統一という「東アジアの政治変動」と関連させながら理解することができているかを問う良問であったと言えよう。しかも，以上の点を200字という短い枠におさめなくてはならず，何を残してどう論じるかを考えなくてはいけないため，まさしく思考力・判断力，そして200字で論じる表現力が問われていたのだ。いかがだろうか，当時の受験生はこの問題を解いていて「難しいけれども楽しい」と感じたのではないか，と私は勝手に想像している。解答例をつくったので示してみよう。

　私は常日頃より，大学入試問題とは大学の出題者と受験生とのキャッチボ

〈解答例〉
明が滅んで清が成立すると、東南沿海で武装貿易船団を率いた鄭成功とその一族は、清の支配に抵抗を続け、オランダから台湾を奪って日本と中国を結ぶ貿易を行った。これに対して清の康熙帝が鄭氏の経済活動を抑制するため、沿岸部の住民を内陸に移すなど、<u>海外貿易を厳しく統制したこと</u>で、長崎に来航する中国船は激減した。<u>康熙帝が1683年に鄭氏台湾を征服</u>すると、<u>海禁</u>が解除されて、来航する中国船は激増した。(195字)

ールのようなものだと考えている。そもそも出題者には、受験生に理解していてほしいと考える何らかの歴史像というものがあり、それを一問一答かもしれないし資料1のような論述問題かもしれないが、問いというかたちで投げかけて、どのようなボールが投げ返されてくるか(それがすなわち答案である)を期待する、という考えがある。そこで次に、2024年1月に実施された共通テスト「世界史B」の本試験の問題を取り上げてみよう。まず資料3の問題文を読んで、答えを考えてみてほしい。

資料3

コロンブスはイタリアのジェノヴァ人であるという説が現在では定説になっている。しかし19世紀には、彼は「スペイン人」であるという説があった。この説の提唱者たちは、コロンブスがほとんどの文書をスペイン語で書いていたことを根拠に、彼が「スペイン人」だと思い込んでいたのである。

それではなぜ、コロンブスは「イタリア語」で書かなかったのか。現在のイタリア語はトスカナ語が基になっているが、彼が生まれ育ったジェノヴァの言語はトスカナ語とは違う言語であり、しかもジェノヴァの言語は書き言葉を持たなかったからである。

コロンブスが生きていた時代には「国語」は成立しておらず、多言語使用が普通であった。ところがスペインでは、他のヨーロッパ諸国に先駆けて「国語」が成立し、書き言葉として確立しつつあった。そしてスペインの影響を受けたポルトガルの上流階級では、スペイン語で書くことがはや

っていた。彼はスペイン王室に航海の支援を求める前に，ポルトガル王室に支援を求めていた。そのためにポルトガルに10年ほど滞在し，そこでスペイン語の読み書きを覚えたのである。

問6 「コロンブスはスペイン人である」という説は，ある思い込みに基づく誤った説である。前の文章から読み取れる思い込みの内容**あ**・**い**と，その思い込みの背景にある価値観として最も適切なもの**X**・**Y**との組み合わせとして正しいものを，後の①～④のうちから一つ選べ。

前の文章から読み取れる思い込みの内容
あ スペイン語で書く者はスペイン人である。
い ジェノヴァはスペインの支配下にあった。

価値観
X 国家は同一の言語・文化を共有する均質な国民によって構成されるべきだという国民国家の価値観
Y 列強は支配地域の拡大を目指して世界を分割すべきだという帝国主義の価値観

① あ-X   ② あ-Y   ③ い-X   ④ い-Y

第二の問い

リード文を読んで，「いったい何を言っているんだ？」と思った人もいるだろう。私は，共通テストにおいて受験生に「？」と思わせた大学入試センターの勇気に拍手を送りたい。それは，すべての学問は「？」という疑問からしか生まれない，と私が考えるからだ。ここでは，コロンブスが「イタリアのジェノヴァ人」なのか，それとも「スペイン人」なのか，という二つの説が歴史的に存在していたと紹介している。しかも，「イタリア人」と表現していない点にも注目すべきだろう。コロンブスが生きた時代に「イタリア」なる国家は存在していないからだ。現在も「千のイタリア」という表現

があるように，19世紀後半に統一されてイタリア王国が成立した後ですら，地方ごとの文化的社会的まとまりは強固に残るからである。

　そして，ジェノヴァ出身の船乗りであるコロンブスは，自らを売り込むためにまずポルトガル，そして次にアラゴンとカスティリャが合同したばかりのスペインに向かうのだ。そこでコロンブスは，カスティリャ語を中心に文法を整備して書き言葉の統一を実現していたスペイン語を学んだ。なにしろジェノヴァには「書き言葉」が存在せず，「イタリア語」となってゆくトスカナ語とは，その点が異なっていたからである。ちなみに，これより前の時代に，トスカナ語でダンテが『神曲』を著すのだが，これが現代イタリア語へとつながってゆくことはルネサンスの項目で学んだことだろう。当時のスペインでは「国語」が誕生していたこともリード文では説明されている。ここでも受験生は「？」となったかもしれない。現代を生きる多くの受験生にとって，「国語」は最初から存在しているものだからだ。

　ということで，この設問はコロンブスの出自に関する研究史を紹介しながら，「国語」とは何かを受験生に気づかせ，考える道筋を示す良問であると言えるだろう。問6では，「コロンブスはスペイン人である」という説の背景にある「思い込み」を考察させるものとなっている。リード文を歴史的な知識をもとに正しく読みとるという思考力が必要であり，そのうえで，選択肢で示されている内容を見抜く判断力が問われているのだ。

　つまりこの問いは，「コロンブスはスペイン人である」という「思い込みの背景にある価値観」を考察させることで，15世紀ヨーロッパの社会状況や文化状況を把握させ，「19世紀」に唱えられた説を検討させることで，「19世紀」とはどのような時代であるかを考えさせるものであった。思考力と判断力だけでなく，「価値観」という抽象的な概念に踏み込んだ思考法も求めているのである。「19世紀」という近代のなかで生み出され，現在の私たちがその延長線上で「当たり前」だと考えている「国語」や「国民国家」というものが，歴史のなかから創り出されたものであることや，それを自明のものとしてしまうと，過去を見る目が歪んでしまうことを，受験生に気づかせてゆく仕掛けとなっている。マークシート方式の出題であっても，工夫しだ

いで受験生の思考力や判断力を問うことができるという，お手本のような作問だと言えるだろう。

　ちなみに解答例は次のとおりである。

〈解答例〉　問6－①

2. 高校の歴史学習と大学の歴史学では何が違うか

　ところで，みなさんは高校で世界史か日本史を学んできたはずだ。高校の世界史や日本史における勉強はどのようなものだっただろうか？　思い出してみてほしい。

　おそらく多くの学校では，教科書を読んだり授業で先生が事実関係の確認や説明をしてくれて，それを定期考査に合わせて暗記してきたのではないかと思う。そしてみなさんは，大学入試に向けてその暗記に磨きをかけてきたのではないだろうか。もちろん，授業のたびに独自のプリントや資料を作成して配布したり，グループ学習や発表形式の授業を行うなどの工夫をこらす先生もきっといたことだろう。

　しかし，定期考査も入試問題も，まずは歴史的な知識を覚えないことには点数が伸びないという現実があることも確かである。ここに，覚えることが自己目的化してしまう危険性がある。つまり，「何のために覚えるのか」という部分があいまいになってゆき，テストで点数を取るために「覚えるために覚える」という勉強方法に陥る危険性が高まってゆくのだ。

　高校での学習の中心に位置しているのはやはり教科書であろう。現在日本で使用されている世界史教科書は，コンパクトによくまとめて書かれていると評価することができる。歴史学研究の新しい成果なども取り込まれるようになっており，多様な観点を示すコラムを充実させるなどの特徴をもつ世界史の教科書も増えてきた。また，文字史料なども各社の教科書に盛り込まれるようになってきている。

　では，大学における歴史学は高校までの歴史学習とどこが違うのだろうか。

私は「正解は一つではない(かもしれない)」というところにあると考えている。高校までの歴史学習における大前提は、「教科書に書かれていることは正しい」ということであった。正しい答えが書いてあるから、高校での定期試験で出題される内容に対応するためには教科書を覚える必要があるわけだし、センター試験をはじめとする大学入試もしかりである。と言うか、そもそも教科書に書かれていることが正しいという前提があるからこそ、安心して勉強に集中することができたわけだ。「これを覚えればよいのだ」と。

　しかし、第2章で、各社の世界史教科書に書かれたガンディーの評価に「揺れ」が見られることを指摘しているとおり、正しいことが書かれているはずの教科書の記述にも、観点やアプローチの違いによって当然ながら「正解は一つではない(かもしれない)」ことを読みとることができるのである。大学での歴史学では、いままで常識だと思っていたことや、思い込んでいたことがひっくり返されるおもしろさを味わうことができるだろう。そこで思わず問いかけたくなる、「真実はどこにあるのか?」と。

　歴史的な真実はどのようにしたら知ることができるのか、それともそもそも真実などは知ることができないのだろうかという歴史哲学的な問いかけについてここで議論することはしないが(この点に関しては、第4章が一定の議論を行っている)、大学での歴史学は真実にできるだけ迫ろうとする知的な営みであると言うことができるだろう。高校までの歴史学習とは異なり、人間の歴史的な営みのなかからテーマを自ら設定し、その背景やつながりについて考えてゆくことが求められるだろう。そしてそのためには、つねに問題意識をもつ必要があると考えられる。

　ところで、歴史学は「総合の学問」であると私は考えている。遅塚忠躬が『史学概論』(東京大学出版会、2010年)のなかで指摘するとおり、歴史学の学問的なアプローチにおいて、史料批判に基づく事実立脚性と論理整合性が根本であるという原則は不動だが、それをふまえて扱う対象や分野は人間生活のすべてにおよんでいる。歴史学研究の対象となる分野は、たとえば政治、経済、文化・芸術、社会、心理、法律、哲学、化学、物理、生物、医学、土木、工学、数学、自然、機械、産業、農業、牧畜、考古、体育、天文、海洋、気

象，宇宙，環境，核エネルギーなどなど実に多様である。歴史学が扱う分野は，文系と理系といった狭い分野に限定されるものではなく，むしろ双方を融合させるものだろう。当たり前の話だが，世界は文系の世界と理系の世界に分かれているわけではないのだから。

なお，このような「総合の学問」である歴史学を学ぶことは，最終的には「人間とは何か？」「自分とは何か？」という問いかけにたどり着くものだと私は考えている (この点については拙著『世界史読書案内』岩波ジュニア新書，2010年，を参照してもらえるとありがたい)。そして，このような多様な研究分野にまたがる歴史学の諸テーマは，実を言うとすべてが高校世界史の教科書に盛り込まれているのだ。もう一度言おう，すべて，である。したがって高校の世界史を学んできたみなさんは，この世のありとあらゆる分野を学ぶ基礎ができていると言えるだろう。

ここで大学における歴史学の研究におけるステップを図式的に示すとするならば，次のようになるだろうか。

---

①問題意識 → ②先行研究 → ③仮説 → ④史料収集 (事実立脚性と論理整合性) → ⑤歴史像の構築 (仮説の提示) → ⑥検証

---

①問題意識：大学での歴史学の第一歩は，テーマ設定がまず必要になるだろう。なぜそのテーマを追究したいのか，そのテーマが自分のなかで気になるのはなぜなのか，それをまずは漠然とでよいからもつことだろう。テーマが教科書というかたちでまとめられている高校の世界史とは，異なる点である。この問題意識という点については，本書の第4，5章が論じているので，そちらも参照してほしい。

②先行研究：そのテーマに関する従来の研究について，網羅的に調べることが必要になるだろう。先行研究を調べることによって自分の問題意識が解決されることもあれば，新たな問題意識や課題が見えてくることもあるだろう。先行研究を理解するための案内として第5，6，7，8，12，13章が大いに

参考になるだろう。

　③仮説：テーマについての一定の見通しをもって,「あたりをつける」ことである。先行研究をふまえて,新たな観点やアプローチを提示することでもある。なお,この仮説を立てることと④の史料収集,そして⑤の歴史像の構築はどちらが先というわけではなく,ほぼ同時進行となるだろう。

　④史料収集：テーマについての基本的な史料を収集し,検討する作業で,歴史学では最も多くの時間を割くことになるだろう。その際,残された(もしくは残されなかった)史料に基づいて,何が事実なのかを史料批判を行いながら明らかにする必要があるだろうし,それらの史料の論理性と整合性をはかる必要がある。つまりは他人に対する説得性と合理性をもつものとなるかの検討が必要であろう。このような点は第14章のジャンヌ・ダルク裁判をめぐる考察が参考になるだろう。また,コラム4では歴史研究におけるデータ分析の重要性についても紹介されている。

　⑤歴史像の構築：事実立脚性と論理整合性に基づいて史料を構築しながら,一定の歴史像を描くことが次の段階となる。その際に,第10,11章の歴史学の概念をどう扱うのかといった議論が重要な役割を果たすだろう。

　⑥検証：⑤で提示した歴史像とは,一つの「仮説の提示」にほかならず,自分と他人による不断の検証が必要となる。ここで再び③④⑤に立ち戻って,新たな観点や事実の発掘などがないかどうか,同じ史料を使ったとしても別の解釈などはないのか,妥当なのかといった検証を行うのである。

　歴史学の研究とは,このようなステップを踏みながら,より客観的で合理的な歴史像の構築をめざすものであった。ところで,ここまで読んでみて,一つのことに気がつかないだろうか。実は,資料1の学習院大学の論述問題や,資料3の共通テストの問題などを解くときに,これと同じようなステップを踏んではいないだろうか。

　たとえば大学の入試問題(もしくは高校の定期試験)を解答するときに,上記の①問題意識,すなわち問われていることは何かと考えながら,②先行研究,すなわち教科書や授業内容をふまえ,③仮説,すなわちこのような解答ではないのかなどと解答への道筋を立て,④史料収集,すなわち教科書や用

語集などで覚えた知識を頭のなかから引き出しながら、また、提示されたグラフやリード文などから有用な知識やデータを引き出しながら、⑤歴史像の構築、すなわち一つの解答を導き出しているのではないだろうか。そしてもちろんその答えは時間が許すかぎり⑥検証、すなわち導き出した論理や知識に勘違いはないか、合理的な解答になっているか、問題意識や仮説の立て方自体に誤りはなかったか、そしてまた、教科書のほかの部分に書いてある別の説明（「史料」）と照らし合わせて無理のない論理展開になっているか、などが解答の「見直し」の際に行われることになるだろう。

　さらに言うならば、資料3の共通テストの問題にもあるとおり、直接問われていること以外にも新たな知識（たとえば「国語」に関する15世紀末の状況）について、問題を解きながら学ぶことにより、新たな①の問題意識を養ったりもしているのだ。

　つまり、「**高校での勉強が実は大学での学問研究にもつながっているのだ！**」という当たり前だが盲点になっているかもしれない現実を、私たちは認識する必要があるだろう。

　私たちはともすれば、高校での勉強や受験勉強は大学に入るためのもので、入試までで一区切りであるなどと考えがちであるが、じつはそれは大きな間違いである。私たちは気がついていない（もしくは無自覚な）だけかもしれないが、大学入試に向けての高校での勉強が、自然と大学での歴史学や学びの事前準備となっていたのである。ただし、そこで大切になるのは、高校での勉強に対して単なる暗記にとどめず、歴史的な事象のつながりなどの因果関係を理解するという姿勢をもつことだ。

　この点について近年、歴史学と歴史教育をつなぐ貴重な発言をしているのが、小川幸司である。小川は、「歴史の学び方」を、A. 歴史実証、B. 歴史解釈、C. 歴史批評、D. 歴史叙述、E. 歴史対話、F. 歴史創造の六段階に分類して整理した（「〈私たち〉の世界史へ」『岩波講座　世界歴史』第1巻世界史とは何か、岩波書店、2021年）。これにそくしてまとめると、世界史の入試問題は、A. 歴史実証に基づいて受験生に史料をベースとした思考をうながし、B. 歴史解釈を要求することで受験生が事実と事実の因果関係などを考察し、D. 歴史叙

述というかたちで答案を作成する，ということになるだろう。また，資料3のコロンブスの設問などは，小川の言うE. 歴史対話に道をひらくものとも言えるだろうし，ほかの共通テストの問題に多く見られる，教師と生徒，もしくは生徒同士の対話文のなかに，まさに歴史対話の要素が盛り込まれているものが見受けられる。また，資料1の長崎に来航する中国船の問いかけからは，C. 歴史批評につながる要素も含まれていると考えられよう。このような良質な入試問題を考えてゆくことで，F. 歴史創造へと進んでゆけるのではないだろうか。

　つまり，大学での歴史学の学びと入試問題とは同じ知的な構造でつながっているのだ。それはもちろん，私のような高校の教員が毎年作成する中間試験や期末試験にもあてはまる。時間がなくて大変ではあるが，定期試験の作問はその意味において楽しい作業でもある。さて，先に述べたとおり，高校の世界史教科書には，ありとあらゆる学問分野につながる諸テーマが埋め込まれている。となるならば，大学での歴史学への道はみなさんにとって「あとほんの一歩」ということになるだろう。みなさんがいままで学んできた世界史や日本史の知識と学習方法を応用しながら，学問としての歴史学の世界に安心して分け入ってみてほしい。大学入試を突破してきたみなさんだから，また，高校での探究型の授業と向きあってきたみなさんだから，大学での歴史学に十分ついてゆける力と経験をすでに備えているはずである。

3. 知の転換

　高校までの勉強が，じつは大学での歴史学の学問研究につながるものであることを指摘したわけだが，となると，次に必要になるのはそこへの橋渡しであろう。その際に考えておくべきこと，注意すべきことなどを最後にまとめておこう。

知識の体系的整理から問題意識の養成への転換

　高校までの勉強は，教科書をもとにして「ここまで勉強すればOK」とい

う見通しの立てやすいものであった。つまり，暴力的に言ってしまうと，教科書をまるごと頭に入れることができれば，大概の大学入試は突破できたはずである。教科書にそって，さまざまな知識を体系化して理解することが最終的には求められていたはずである。しかし，大学での研究はそこにとどまるものではない。大学での歴史学では，テーマは「与えられる」ものではなく，自分で「見つけ出す」ものである。「答えが一つ」であるとは限らないし，それどころか「答えがいくつもある」ことや，「答え自体が見つからない」こともしばしばあるだろう。それをおもしろいと思えるメンタリティは重要である。

そして，「課題を自ら設定する」ことへの転換が必要とされるだろう。もちろん繰り返しになるが，高校までの勉強がそのための基礎的な力を養ってきたことに注意をはらい，自信をもつべきだろう。なにしろ，高校1年か2年で学んだ「歴史総合」では，自ら「問いを立てる」という実践をみなさんはやってきたはずだ。そこで養った力や問題意識は，まさに大学での歴史学において役に立つだろう。

文系や理系という狭い枠組みからの解放

「私は文系だから物理や化学はやらない」「私は理系だから歴史や政治のことはわからない」などという，もったいないことはやめたほうがよい。大学の入試問題は，国公立大学に関しては共通テストでの幅広い勉強が求められるが，私立大学の入試問題は残念なことに文系と理系にそれぞれ分かれている。しかし，世界史は「総合の学問」であると言ったとおり，さまざまな歴史的な事象を検討し分析する際に，文系的なアプローチも理系的なアプローチもともに必要になることは誰が考えても明らかであろう。これはもちろん日本史の研究にも完全にあてはまる。

みなさんが大学入試の際に「文系」であったのなら，意図的に「理系」の本を，たとえばブルーバックスなどを読むべきであろうし，「理系」であったのなら，意図的に「文系」の新書や文庫などを手に取ってみよう。きっと新しい世界が広がってゆくのを実感できるだろう。

読書のススメ

　ということで，3番目は大学での学問研究への橋渡しとしての読書のススメである。すべての学問研究が，そして大学での歴史学が「人間とは何か」「自分とは何か」という問いを含むものであるならば，そしてまた，「課題を自ら設定する」大学生になりたいのなら，さまざまなジャンルの本を読んでおこう。日本や世界の古典を読み，また，各種の新書を自ら進んで読んでみよう。

　そしてまた，新聞を読む習慣を身につけておこう。自分と自分自身を取り巻く世界の動きをつねに把握することは，「課題を自ら設定する」ための第一歩になるだろう。もちろん，インターネットなどからもさまざまな情報を入手することができるが，それはグローバル化が進む現代社会にとっての必要条件であったとしても，十分条件にはならないことを理解すべきだろう。

自分の足で立って歩く大人になろう

　先ほど，大学での学問には，答えは所与のものとしてあるのではなく，自分で見つけるものであり，もしかして答えがないこともあると指摘したわけだが，そこでは「課題を自ら設定する」だけでなく，それをとことんまで探究する意志の強さが求められているのだ。そしてその際，歴史学を学ぶことにより，過去と現在を，そして自分自身をきちんとした根拠（史料や各種のデータ）をもとに論理的に考えてゆく訓練を行うことになるだろう。みなさんにはこのような学問の探究を通じて，「大人にだまされない大人になる」ことや，「自分の頭で考える大人になる」ことを強く期待する。歴史学の研究者にならなくとも，大学での学問研究によって，十分に自立した大人への道を歩み出せるであろう。

　また，学問研究の対象を過去に求める歴史学の特質からは，現代社会と自分自身を相対化する視点をも得ることができるだろう。自分自身の「来し方行く末」を絶対視するのではなく，客観的に見ることのできる視座をも，歴史学という学問から学んでいってほしい。高校までの「たくさん知識を身に

つけている者が優れている」という価値観の世界から，大学での「自分で物事を考えて答えをねばり強く探究してゆく者こそ優れている」という新しい価値観の世界に進み，歴史学の勉強を通して独善的ではなく，つねに自分自身を顧みることのできる大人になっていってほしい。私はそのようなみなさんの未来に期待しています。

参考文献（大学への歴史学の橋渡しとして次の本を紹介する）
【総論】
大阪大学歴史教育研究会編『市民のための世界史 改訂版』大阪大学出版会，2024年
岡本隆司『世界史序説——アジア史から一望する』ちくま新書，2018年
岡本隆司・飯田洋介・後藤春美『国際平和を歴史的に考える』山川出版社，2022年
小川幸司・成田龍一編『世界史の考え方』（シリーズ歴史総合を学ぶ1）岩波書店，2022年
小川幸司『世界史とは何か——「歴史実践」のために』（シリーズ歴史総合を学ぶ3）岩波書店，2023年
小田中直樹『歴史学のトリセツ——歴史の見方が変わるとき』ちくまプリマー新書，2022年
末近浩太『イスラーム主義——もう一つの近代を構想する』岩波新書，2018年
成田龍一『歴史像を伝える——「歴史叙述」と「歴史実践」』（シリーズ歴史総合を学ぶ2）岩波書店，2022年
姫岡とし子『ジェンダー史10講』岩波新書，2024年
松沢裕作『歴史学はこう考える』ちくま新書，2024年
歴史学研究会編『史料から考える　世界史20講』岩波書店，2014年
【各論】
阿部拓児『アケメネス朝ペルシア——史上初の世界帝国』中公新書，2021年
小野寺拓也，田野大輔『検証　ナチスは「良いこと」もしたのか？』岩波ブックレット，2023年
加藤陽子『それでも、日本人は「戦争」を選んだ』朝日出版社，2009年
岸本美緒『東アジアの「近世」』（世界史リブレット）山川出版社，1998年
後藤明『ビジュアル版イスラーム歴史物語』講談社，2001年
古松崇志『草原の制覇——大モンゴルまで』（シリーズ 中国の歴史3）岩波新書，2020年
近藤和彦『イギリス史10講』岩波新書，2013年
沢木耕太郎『キャパの十字架』文藝春秋，2013年
清水透『ラテンアメリカ五〇〇年——歴史のトルソー』岩波現代文庫，2017年
橋場弦『古代ギリシアの民主政』岩波新書，2022年
マリエル＝シュヴァリエほか『フランスの歴史（近現代史）』（世界の教科書シリーズ30）明石書店，2011年
三谷博・並木頼寿・月脚達彦編『大人のための近現代史　19世紀編』東京大学出版会，2009年
和田光弘『植民地から建国へ——19世紀初頭まで』（シリーズアメリカ合衆国史1）岩波新書，2019年

（津野田興一）

第2章

視点を変え通説を疑うことから始める歴史学
―― ガンディーは誰にとっての「偉人」なのか

1. 教科書に見るガンディー

　みなさんは，図1の人物が誰か，わかるだろうか。おそらく全員が，「ガンディー」と答えられるだろう。日本で発行されている世界史教科書には，ほぼ100％ガンディーの写真が載っている。「ガンディー，インド，独立運動」と関連づけて覚えただろうし，歴史好きなら「非暴力」「チャルカー（手紡ぎ機）」などの単語も連想するかもしれない。彼はインドを独立に導いた立役者として，「インド独立の父」「マハートマー・ガンディー」などと呼ばれてきた。ちなみに彼の本名はモーハン・カラムチャンド・ガンディーで，「マハートマー」は「偉大なる魂」という意味の尊称である。

　ところでみなさんの，ガンディーという人物についての知識は，ほとんど教科書から得たものではないだろうか。教科書は学校で指定されたものを渡されるから，ほかの学校で使っている教科書を読み比べる機会はなかなかないだろう。そこで，主な教科書からガンディーに関する説明を抜き出して，比較してみよう。

図1　紙幣に描かれた肖像

A．山川出版社『詳説世界史』(2022年検定済，2024年発行)

植民地政府の圧政に対し，非暴力を掲げて民衆の指導者となったのがガンディーであった。彼は1920年の国民会議派大会で非協力運動を提示し，<u>民族運動をエリートだけでなく民衆も加わる運動へと脱皮させた</u>。
（下線は引用者，以下同様。295頁）

B．東京書籍『世界史探究』（2022年検定済，2024年発行）
　国民会議派の指導者ガンディーは，全インド・ムスリム連盟とともに，非暴力によりイギリス支配に抵抗する運動（非協力運動）を展開し，<u>納税の拒否やイギリス商品の排斥運動に民衆を動員した</u>。しかし，運動が高揚してイギリス側との暴力的な衝突がおこると，運動は中止された。その後，ヒンドゥー教徒とムスリムの対立が深刻化した一方，国民会議派内では<u>左派のネルーらが台頭し</u>，1925年には<u>インド共産党も結成された</u>。（314頁）

　AとBを比較すると，Aは，ガンディーの登場によってはじめて，インドの独立運動がエリートのみならず一般民衆も自ら参加する運動になった，という変化を強調している。一方Bは，Aと同様，ガンディーの運動に民衆も参加したとするものの，民衆が自分の意志で加わったというよりは，ガンディーに指示されたという意味合いが「動員」という言葉づかいに表れている。ガンディーがインド独立運動を率いたという印象を読み手に与える文章と言えよう。しかしBの後半は，ガンディー以外の人物（ネルー）や，ガンディーが所属した国民会議派ではない団体（インド共産党）に焦点が移動している。ガンディーは「インド独立の父」のはずなのに，なぜBはこのように説明しているのだろうか？　次の教科書C-1を読むとその答えの一つを見出せる。

C-1．帝国書院『新詳世界史B』（2012年検定済，2014年発行）
　ガンディーは，国民会議派の先頭に立って，<u>ヒンドゥー思想にもとづく非暴力・不服従の抵抗運動</u>（サティヤーグラハ）を行った。彼の「非暴力」

や，宗派を超えた博愛主義の思想は，民族・宗教・言語の多様なインドの人々をまとめる力をもち，反英運動は急速に発展した。〔中略〕しかしガンディーにも限界があった。反英運動が高まると，イギリス側との衝突がおこり，ガンディーは支持者に運動の中止を指示した。<u>1920年代に国民会議派の主導権は，これに満足できないネルーら，西洋式教育を受け近代国家としての独立をめざす急進派の若手に移っていった</u>。1925年にはインド共産党も結成され，1929年の国民会議派大会は，完全自治（プールナ゠スワラージ）を決議した。また<u>不可触民の解放をめぐって，カースト制やヒンドゥー教そのものに反対するアンベードカルの運動もおこり，ガンディーと対立した</u>。（〔 〕は引用者の挿入，以下同様。227頁）

　この説明を読めば，インド独立をめぐってさまざまな立場や考えをもつ人が存在したことがわかり，ヒンドゥー教を運動方針の基礎においたガンディーが，西洋的思考を身につけた人たちやヒンドゥー教を否定する人びとから反発を受けたと推測できる。なお，このC-1は帝国書院の旧版教科書で，同社の新版は下記のように記述が簡素になり，ガンディーが指導者の1人にすぎず，その運動方針への批判もあったという点が曖昧になった。

C-2．帝国書院『新詳世界史探究』（2022年検定済み，2024年発行）
　　国民会議派は，南アフリカから帰国したガンディーの指導の下，非暴力・不服従の抵抗運動を行った。彼の「非暴力」や，宗派を超えた博愛主義は，多様な民族・宗教・言語のインドの人々をまとめる力をもち，大衆を運動に参加させるとともに一時ムスリムとの協力にも成功して，反英運動は大きく発展した。その結果イギリスは自治領を約束するが，これに満足しないネルーら急進派は，1929年の国民会議派大会において，完全独立（プールナ゠スワラージ）を決議した。

　独立運動指導者の1人にすぎなかったはずのガンディーがいまもなお有名なのは，「非暴力」という彼の思想ゆえであろう。上掲の教科書もすべて，

「非暴力」に言及している。その思想内容を詳しく教えてくれるのが次の教科書Dである。

D．東京書籍『新選世界史B』(2013年検定済，2015年発行)
　〔ガンディーは〕非暴力・不服従の抵抗運動を「サティヤーグラハ(真理の把握)」と名付け，近代西欧が過剰な生産や消費を追求し，暴力を生み出していると批判し，欲望を統御するところに「インドの自治」と真の文明があると主張した。腰布だけをまとい，毎日糸をつむぐすがたはこの思想を体現するものであった。(217頁)

　この内容は，東京書籍の新版『世界史探究』(2022年検定済み，2024年発行)には，記載されていない。残念である。
　ガンディーが暗殺されたことは，みなさんも知っているだろう。「インド独立の父」であるはずの彼が，「敵」のイギリス人ではなくインド人によって殺されてしまったのはなぜか，説明できるだろうか。前掲の教科書Aの続きを見てみよう。

A．山川出版社『詳説世界史』(同前掲)
　第二次世界大戦後，イギリスからの独立が予定されていたインドでは，パキスタンの分離・独立を求める全インド＝ムスリム連盟のジンナーと，統一インドを主張するガンディーらが対立した。1947年にイギリス議会でインド独立法が制定されると，ヒンドゥー教徒を主体とするインド連邦とイスラーム教徒によるパキスタンの2国にわかれて独立した。しかし両教徒の対立はおさまらず，48年にガンディーは急進的ヒンドゥー教徒によって暗殺された。(320頁)

　この説明では，なぜガンディーは暗殺され，なぜ犯人はヒンドゥー教徒だったのか，その因果関係が判然としない。では教科書Bの記述はどうだろうか。

B．東京書籍『世界史探究』(同前掲)

　1947年，イギリスのアトリー政権は，インド独立法によってインドとパキスタンがそれぞれ，イギリス連邦内のイギリス国王を君主とする国家として独立することを認めた。一つの植民地が二つの国として分離独立することになったため，インド領となる地域のムスリムはパキスタン領内へ，パキスタン領となる地域のヒンドゥー教徒はインド領内へ移動しようとするなど，社会は混乱し，ヒンドゥー教徒とムスリムの対立も激化した。その結果，多数の死傷者が出て，両教徒の融和と全インドの独立を提唱していたガンディーは，1948年に急進的なヒンドゥー教徒によって暗殺された。(344頁)

　Bを読んでようやく，ヒンドゥー教徒とムスリムの争いが激しく双方に犠牲者が出ていたこと，そのためガンディーが両教徒に融和と共存を求めていたことがわかる。そして，おそらくそのことが，一部のヒンドゥー教徒から裏切り行為とみなされ，殺されたのだろうと推測できる。

　こうして教科書を比較してみると，ガンディーについての「事実」が説明されているはずなのに，その人物像が微妙に異なっていることがわかる。どの「事実」を取り上げいかに説明するかに各筆者のモノの見方や考え方が反映されているのである。なお，日本の教科書は基本的に各地域や各時代を専門とする研究者が分担して執筆するが，歴史学の作法 (詳しくは第1，4章を見てほしい) に則って導き出した自分の新解釈をそのまま記述することはほとんどない。教科書という性質上，他の研究者たちも妥当と認め「定説」になった解釈が「事実」として描かれる。そのため，どの教科書を見ても内容に大差はないが，それでもこれまで見てきたように，ちょっとした言葉づかいに筆者の個性 (独自の解釈) が表現されているのである。

　物事は，それを見る視点によって異なる姿に映って見える。たとえば，円筒形の物体をデッサンする状況を想像してみてほしい。物体の斜め上に陣取った人はそれを円筒形に描くだろうが，真横から見た人は長方形に，真上から見た人は円形に描くことになる。しかしそれらは間違いではない。その人

の立場から見た「真実」なのである。これと同じことが歴史上の人物にもあてはまる。つまり,その人物を見る視点の違いにより見え方も変わってくるのである。そこで次に,ガンディーを題材にして,彼を異なる視点から扱った複数の本を比較してみよう。なお,引用文は読みやすいように適宜改変している。

2. 伝記でたどるガンディーの「偉業(けいぎょう)」

　ある人物のことを知りたいと思ったら,まず手にとるのが伝記であろう。ガンディーについては,インドはもとより日本を含む世界中で伝記が書かれている。子ども向けの本も多く,漫画版の伝記はインドでも日本でも数種類出版されている。

　B. R. ナンダ『ガンディー——独立への道』は,「インド独立の父」,つまりインドを独立に導いた立役者としてのガンディー像を語る,伝記本の王道である。同書から教科書には載っていない興味深い内容をいくつか紹介しよう。

　まず,ガンディーと母親の関係である。ガンディーの母親は敬虔なヒンドゥー教徒で,ひたすら家族に奉仕し,服や宝石には目もくれず,家族の幸福のために願掛けして断食することを繰り返した。ガンディーはこの母からインスピレーションを得て,自分より他人,ひいては人類全体をより愛し,その幸福のために自分を犠牲にするという行動原理を導き出したという(15–16頁)。

　次に,「独立」に対する考えである。ガンディーはインドが政治的に独立するだけでは不十分だと考え,インド社会内部の問題も解決しようとした。その問題とは,宗教対立やカーストに基づく差別であった。ヒンドゥー教徒とムスリムの対立が激化し,殺しあいさえ起こるようになると,非暴力を説いてきたガンディーは,深い挫折を味わい自分を責めたという(692頁)。ガンディーはヒンドゥー教徒とムスリムの双方に,互いに愛しあい自己を犠牲にして相手に奉仕するよう呼びかけた。宗教暴動最中の町を訪れ,あえてムスリムの家に泊まって,襲撃してきたヒンドゥー教徒に,憎悪(ぞうお)や暴力は自分

図2 インドの20ルピー紙幣

にも他人にも何の利益ももたらさない、と説いたという (697頁)。

　ガンディーと言えば「非暴力」である。彼を世界的に有名にしているのは、インドを独立に導いたことよりもむしろ、暴力に頼ることなく植民地権力に対峙し、イギリス人を撤退させたという「奇跡」であろう。みなさんは、もし暴力を振るわれたり差別されたりしたら、どうするだろうか？　おそらく警察に駆け込むか、場合によっては裁判に訴えることも可能だろう。しかし植民地支配というものは、支配される人びとに対して、これらの手段に訴える権利を与えない。つまり被支配民は、いかに差別され虐待されようと、自分の身を守ってくれる制度も法律ももたないのである。そのため、被支配民が自分の安全と権利を勝ち取るためには武力に頼らざるをえず、要人暗殺や武装蜂起など、暴力をともなう独立運動を起こしてきた。したがって、ガンディーが暴力を使わずにインドを独立させようと考え、それを実現してみせたことは、確かに奇跡と言えよう。そして彼はこの「非暴力」を、対立しあうインドの人びとにも訴え続けた。

　インドは多文化国家である。たとえば言葉の問題を見てみよう。インドで話されている言語は何百種類もあり、使用する文字も異なる。文字がない言語もたくさんある。話者人口が一番多いのはヒンディー語だが、それでもヒンディー語を母語とするのはインド人の約40％にすぎない。そのためインドの紙幣には、図2の枠内のようにたくさんの言語で金額が表記されてい

る。また，表1に示したように信仰されている宗教の数も多い。つまりインドは，独立運動に必要な団結心（民族あるいは国民という仲間意識）をつくるための共通の土台がないという問題を抱えていた。

表1　インドの宗教別人口比

ヒンドゥー教徒	79.8%
イスラーム教徒	14.2%
キリスト教徒	2.3%
シク教徒	1.7%
仏教徒	0.7%
ジャイナ教徒	0.4%
その他	0.7%
無申告	0.2%

　ナンダは，このような状況下で，ガンディーがいかにヒンドゥー教徒とムスリムのように対立しあう諸集団が融和するよう心を砕いたかを強調する。しかしそのためナンダは，ムスリムなどの少数派が多数派の攻撃から身を守るために制度上の保護や法的権利を求めたことを，「二義的な問題」（重要ではない些末な事柄）に拘泥したと表現している（430頁）。ナンダは，政治社会的に優位に立つヒンドゥー教徒に対して警戒心を抱くムスリムの要求を，自分たちの目先の利害にとらわれてインド独立を阻害しガンディーを苦しめた，と解釈したわけである。

　伝記は，「偉人伝」とも称されるように，歴史上の人物を「偉大なことを成し遂げた」という理由で取り上げることが多い。そのため，その「偉業」の説明が目的化し，時に人間としての弱さや失敗が言及されることはあっても，基本的には美談に彩られる。このような伝記に欠けているものは，「他者の視点」である。いかに偉人であっても，誰からも例外なく愛され尊敬される人などこの世に存在するだろうか？　そこで次に，視点を変えて，ガンディーを取り巻く人びとの立場からガンディーを観察してみよう。

3. 視点を変える――「周縁」におかれた人びとから見たガンディーと独立運動

ムスリムの立場から

　加賀谷寛・浜口恒夫『南アジア現代史Ⅱ　パキスタン・バングラデシュ』は，タイトルどおり，イギリス領インドから分離独立したパキスタンとバン

グラデシュ (1971年までパキスタンの一部だった) の歴史を扱っている。インド独立と呼ばれる現象は，現在のインド連邦を建国した人びとを中心に描かれることが多く，パキスタン建国は「インド人」として団結しなかった裏切り者による行為とみなされがちだが，この本はムスリムの動向に焦点をあてているため，独立運動に対する評価も異なってくる。

たとえば，ムスリムが展開したキラーファト運動とガンディーの関係について，本書の説明を見てみよう。イギリスによるオスマン帝国侵略に反発していたインドのムスリムは，第一次世界大戦でオスマン帝国が敗北すると，カリフ (キラーファト) 擁護組織の結成に向かい，1919年11月に初の全国会議を開催した。これにガンディーも出席し，「カリフ制という大事な問題で〔イギリス〕政府がわれわれを裏切るなら，非協力の手段にうったえざるをえない」と演説した。キラーファト運動は，ガンディーの「非協力による抵抗」という方針を受け入れ，反英大衆運動に転化した。官職辞退，公立学校退学や外国製品不買などの呼びかけに，ウラマー・学生・職人・労働者・農民など，広範な層のムスリムが呼応した。大戦の影響で生活苦にあえいでいた民衆は，「キラーファト」というスローガンを，イギリス支配とすべての社会経済的搾取に対する「反対」(ウルドゥー語で「キラーフ」あるいは「ムカールファト」) の意味として受けとめたという (104–105頁)。

興味深いのは，インド南西部の下層農民を中心としたムスリムが重税に耐えかねて，植民地政府を倒し地主も追い出して「キラーファト (カリフ) 王国」を打ち立てようと武装蜂起し，ガンディーが「非協力大衆運動が自分の抑えられないところに発展しかけている」と感じるにいたった，という説明である。加賀谷と浜口は，同地の地主の多くが高位カーストのヒンドゥー教徒であったと指摘しており，反英運動であるべきキラーファト運動が農民対地主，あるいはムスリム対ヒンドゥーというインド人同士の争いへと変貌したことに，ガンディーが焦燥感を抱いたと推測できる。結局ガンディーは，チャウリーチャウラー村での警察署焼き討ち事件を口実に，すべての非協力運動の停止を命じた (106–107頁)。ガンディーの行動は，「インド人の団結」を重視するあまり，「非暴力」の名のもとに，貧しいムスリム農民に我慢を強

いる結果を招いた。

　加賀谷と浜口はまた，ガンディーもそのメンバーであった国民会議派がムスリムに対してとった姿勢に問題があったと指摘する。インド人はイギリス人との闘争の過程で少しずつ政治的権利を獲得し，1935年にはついに地方自治を実現した。地方選挙の結果，国民会議派が各地で政権を樹立したが，それらの国民会議派政権が実施した政策は，少数派の人びとが抱く悩みに対して「配慮を欠いて」いたため，「ムスリム連盟の不信と憤りを招き，「ヒンドゥー支配」の到来とうけとられた」という（126-127頁）。

　ムスリムの立場から見れば，ガンディーら国民会議派が進める独立運動は，「インド人」の団結を声高に叫びながら少数派の人びとの苦しみを無視する，ヒンドゥー教徒によるヒンドゥー教徒のための運動に映った。こうしてみると，ムスリムがヒンドゥー教徒に不信感を募らせ，自分たちの国をつくりたいと考えたのも無理はないと言えよう。

「不可触民」の立場から

　インド人内部の対立というと，ヒンドゥー教徒とムスリムの対立にスポットライトがあたりがちだが，実はヒンドゥー教徒も一枚岩だったわけではない。ヒンドゥー教にはカースト制というものがある。カースト制とは，最高位のバラモンからシュードラまで四つの階層からなる身分制度で，さらにその下に「不可触民」と呼ばれてきた人びとがいる（不可触民という呼称は差別用語であり，現在は指定カーストや被抑圧階級，ダリットなどの語が使用される）。「不可触民」は不浄な存在とされ，寺院に入れず，井戸を使えず，道路を通れず，劣悪な環境での生活を強いられるなど，さまざまな差別に苦しんできた。

　「不可触民」はアンベードカルという指導者を得て立ち上がり，井戸の使用や寺院への入場を認めるよう高位カーストの人びとに求めた。しかし願いが聞き入れられなかったため，今度は植民地政府に対して，ヒンドゥー教徒内の少数派であり抑圧されている自分たちも議会に代表者を送ることができるよう，「不可触民」専用議席枠の設置を要求した。「不可触民」にしてみれば，自分たちを苦しめているのはヒンドゥー教の規範そのものであるから，

ヒンドゥー教徒以外，すなわちイギリス人に救いを求めるのは，当然のなりゆきであった。この事態に接して，ガンディーも「不可触民」問題に本格的に取り組み始めた。しかしその手法は，差別する人びとに「不可触民」を愛するよううながす一方，「不可触民」に対しては，差別する人びとが己の過ちに気づくまで「非暴力」「自己犠牲」の精神に則って耐え忍ぶよう求めるものであった。

先に紹介したナンダの本では，「不可触民」が諸権利の保障を要求したことは「ガンディーの誠意」を疑う行為とされ，批判的に描かれている。ナンダは，「アンベードカルのガンディーならびにヒンドゥー教徒とヒンドゥー教にたいする攻撃は熾烈であった。〔中略〕彼は祖国の独立にさえ反対した」と表現しており (498頁)，アンベードカルが「不可触民」の利害に固執してインド独立に反対した売国奴と言わんばかりである。

しかし，ダナンジャイ・キール『アンベードカルの生涯』は，ガンディーがインド人全員の代表としてインド人全員のために戦っていると自任しながら，結局はヒンドゥー教徒の高位カーストの立場に立っていた，とガンディーを批判する。キールは，ガンディーがムスリムや「不可触民」の問題に対処するときの姿勢が「不公平で差別的」であり，各コミュニティー代表の意見を「徹底的に無視」し「数々の侮辱」を与えた，と表現している (142頁)。ガンディーの姿勢は「不可触民」を哀れむ「保護者」のそれ (いわゆる「上から目線」) であり，差別解消策も感傷的で非現実的だった，と手厳しい (146頁)。

キールによるとアンベードカルは，インドが独立しイギリス人が去れば，それはすなわち高位カーストのヒンドゥー教徒による統治になる，と予見していた。そのためアンベードカルは，イギリス人がインドを統治している間にできるかぎり「不可触民」差別解決策を制度化しようとしたのであり，独立そのものに反対したわけではない。キールは次のように訴えている。「アンベードカルの心の内には，不可触民を人間扱いしない，敵意しか感じないインド社会の多数派に政治権力が移った時の悲劇が絶えず去来し，独立を叫ぶ声がともすれば曇りがちになったのである。このような彼を売国奴呼ばわりした会議派は，果たしてどれほど彼に対して公正であったといえるだろう

第2章　視点を変え通説を疑うことから始める歴史学　　27

図3 1909年頃のガンディー　　図4 1920年代後半のガンディー

か」(148頁)。

　ガンディーの運動と思想は，衣服の面でも「不可触民」に圧力をかけた。山川出版社『現代の歴史総合』(2021年検定済，2022年発行)は，撮影時期が異なる2点の写真(図3，図4)を掲載し，「ガンディーの服装の変化は，何を意味しているのだろうか」と問いかけている(100頁)。東京書籍『詳解歴史総合』(2021年検定済，2022年発行)も同様に，1930年のガンディーの姿を若き日の写真と比べる課題を設けている(80，128頁)。実際の授業でこの問いが投げかけられたら，みなさんは，イギリス紳士風の洋装から腰布一枚への変化，そして糸を紡ぐ姿に着目し，「西洋文明に対峙する姿勢を衣服でも示した」「国産品愛用(スワデーシ)を実行した」，などと回答するのではないだろうか。

　なお，ガンディーの非暴力思想を考察した間永次郎『ガンディーの真実——非暴力思想とは何か』によると，この変化はガンディーが衣服に三つの条件を求めた結果であるという。ガンディーは生涯を通して，①健康的で，②経済的で，③伝統的革新性をもつ服，かつ愛着と誇りをもてる服を模索し続けた。そして，①通気性があり肌触りのよい一枚布こそが健康的である，②輸入材で服をつくるとコストがかさむが，国産原料を使い自ら服をつくれば，安価で風土にも合うものができる，③インドのすべての宗教の伝統衣装を尊重しつつもそのどれにも縛られない，「あらゆるインド人」にとって「平等」なデザインを備えるべきである，という結論を導き出した。この3

図5 「不可触民」指導者たち（左からアンベードカル，ラージャ，シュリーニヴァーサン）

条件を満たすものが，手紡ぎ手織り布（カーディーと呼ばれる）の腰巻きだった。間は，ガンディーが衣服を探究する姿に「宗教融和への深い配慮」を見出し，「ガンディーの衣服観はまさに，全ての人々に対する「平等」な配慮という「非暴力的」観点に根ざしたものだった」と評価する（98-123頁）。

ここで再び「不可触民」の立場に立ち返ってみよう。「不可触民」は慣習により，身につけてよいのは腰布一枚とされ，上半身を覆うことを禁止されてきた。女性も例外ではなかった。しかしキリスト教宣教師による活動の影響で，女性が上半身を「はだけている」ことが道徳的に不適切とみなされるようになると，「不可触民」女性が慣例を破って胸を隠すようになった。これに高位カーストの人びとが反発し，「胸布紛争」と称される衝突に発展した。しだいに「不可触民」男性も，人間としての尊厳を求め，上半身を覆う「きちんとした格好」をすることによって屈辱的な地位からの脱却をはかった。しかしこのような行為はまたもや高位カーストの不興を買い，「きちんとした格好」をした「不可触民」が殺害される事件も発生した。

つまり，「腰布一枚の簡素な衣服」は，「不可触民」にとって，不浄視され差別されてきた「不可触民」という地位の象徴でしかない。粗末な腰布一枚でも差別されないのは，高位カーストの「特権」であった。実際，図5が示すように，アンベードカルを筆頭とする「不可触民」出身の指導者たちはみな，ガンディーが捨て去った洋服を身につけている。「不可触民」にとって洋装は，インドの伝統に縛られず，カースト差別から自由になるための武装であった。洋服を着る「不可触民」を非難することができるだろうか？

4. 定説を疑い，常識を疑う――歴史学への第一歩

　この章を途中で投げ出さずにここまで読んでくれたみなさんはもう，ガンディーという人物が誰の目から見ても「マハートマー」だったわけではない，ということが実感できたであろう。

史料の重要性

　ただし，ここで重要なのは，紹介した各書籍の著者たちは何の根拠もなしに憶測でガンディーを称賛したり批判したりしているのではない，ということである。たとえば，アンベードカルを主人公にしたキールの本は，*Dr. Babasaheb Ambedkar Writings and Speeches*, 21 volumes（アンベードカル博士著作演説集）という史料を分析し，アンベードカルがガンディーに批判的だったことを明らかにしたうえで，「不可触民」の立場からガンディーを論評しているのである。ガンディーが「不公平で差別的」であり，少数派コミュニティーの代表に対する意見を「徹底的に無視」した，という表現は，アンベードカル本人が友人に宛てた手紙にある言葉であり，それがキールのガンディー評価の根拠になっている。

　歴史学では，思いつきや憶測を何の根拠もなしに記述・発言することは厳禁である。「ガンディーはインド人全員に偉人と崇められていたわけではないのではないか」という疑問（仮説）は，さまざまな史料や証言などから証拠を見つけてはじめて，「アンベードカルに代表される「不可触民」の間では，ガンディーに対する強い不満があった」，あるいは「貧しい農民にとって，ガンディーは自分たちの要求を抑圧する存在であった」という解釈として発表することができる。ここまでくれば，みなさんはまず，歴史学を学ぼうとする者にとって史料を探し分析することが重要だと気づくだろう。史料（文字資料に限定されず聞き取りなども含まれる）の重要性については，ぜひ第Ⅲ部を読んでほしい。

先行研究の重要性

　歴史学には史料が重要であると指摘したが，新しい史料を見つける，あるいは既存の史料に新たな解釈をほどこすには，人とは異なる視点（モノの見方）をもつ必要がある。たとえば，加賀谷と浜口は，インド中心のインド独立史という定番の見方ではなく，パキスタン建国という観点で英領インド独立過程を見ようと試みたために，ムスリムが残した史料を数多く調べ，ムスリムの目にはガンディーら国民会議派が主導する独立運動がどう映ったかを明らかにすることができたのである。

　では人と異なる視点は，どうすれば得られるのであろうか。それには，定説を疑う姿勢，換言すれば常識を疑う姿勢をつねに維持することが不可欠である。インドが独立してからしばらくの間は，将来への期待に満ちた雰囲気を反映して，ガンディーの偉業を称える本がいくつも書かれた。しかし，明るい未来が待っているはずのインドは，ほどなく矛盾をさらけ出すようになる。人びとが「インド国民」として団結して国を盛り立て，差別も貧富の差も解消するはずが，宗教対立もカースト差別もなくならず，貧富の差は深刻化した。そのようななか，その原因はそもそもインド独立過程にあるのではと疑う研究者が現れ，ムスリムや「不可触民」などの少数派，弱者の視点からインド独立史を見直すようになった。ジェンダーの観点からインド史を問い直す研究も数多く生み出されてきた（参考文献にあげた粟屋利江『イギリス支配とインド社会』をぜひ読んでほしい）。

　これらの本は概してガンディーに批判的であるが，近年は再びガンディーを評価しようとする動きが見られる。その背景には，グローバル化が進み，資源の枯渇とその争奪戦の激化，環境悪化，格差拡大などの問題が深刻化している現実がある。長崎暢子『ガンディー――反近代の実験』や石井一也『身の丈の経済論――ガンディー思想とその系譜』によると，「近代」とは個人がより豊かになりたいという動機で行動し，それが経済発展や技術革新を促進した時代である。しかしガンディーは，「発展」を善とは考えなかった。反対に，近代を欲望に基づく人間同士の争いの時代ととらえ，各人が欲

望を抑え身の丈にあった自給自足の生活を送るべきだと主張したという。長崎や石井は，ここに近代の病理への処方箋を見出し，ガンディーを再評価している。

　こうして見てくると，本章であげた各文献は，それぞれ時代の雰囲気を反映しつつも，その時点で優勢な意見やモノの見方（常識）に疑義を呈することによって新しい歴史解釈を生み出していることがわかる。これは逆に考えれば，みなさんが生きている現時点で何が問題になっているのか，どのような意見が優勢なのかを知らないと，自分なりの「問い」を立てることもできない，ということを意味する。

　自分が関心を抱いた歴史上の人物や事件，地域や時代について，すでに書かれた著書や論文を「先行研究」という。独自の視点から独自の考えを生み出すには，まず先行研究を疑いながら批判的に読むことを通じて，独自の「問い」を見出す必要がある。先行研究の重要性については，ぜひ第12章を読んでほしい。

　歴史学とはこのように，他人の意見（歴史解釈）を理解したうえで，それを鵜呑みにすることなく時には疑い，「問い」を立て，史料を分析し，その分析結果から「問い」に対する「答え」を導き出し，自分の意見（解釈）として論理的に説明する，という科学的営為である。この一連の作業を大学の４年間で実践すれば，みなさんは，社会で必要とされる基礎能力を身につけることができ，自信をもってその後の人生を歩んでいくことができるはずである。もちろん歴史学の意義は，それだけにとどまるものではない。現在優勢な価値観や常識とされる考え方を疑ってみること，その価値観や「常識」がいつ誰によっていかなる意図で形成されてきたのか考えてみることを通じて，現代社会が抱える問題の歴史的背景と原因に気づき，その解決への糸口を見つけることも可能であろう。あるいは，「常識」の名のもとに隠蔽されてきた問題をあぶり出すこともできるかもしれない。まずは歴史学への第一歩を踏み出し，これからの４年間で，歴史学のさまざまな可能性と意義を見つけていってほしい。

参考文献

粟屋利江『イギリス支配とインド社会』山川出版社，1998年
石井一也『身の丈の経済論——ガンディー思想とその系譜』法政大学出版局，2014年
加賀谷寛・浜口恒夫『南アジア現代史Ⅱ パキスタン・バングラデシュ』山川出版社，1977年
キール，ダナンジャイ（山際素男訳）『アンベードカルの生涯』，光文社，2005年（英語版原著は1954年出版）
志賀美和子『闘う「不可触民」——「周縁」から読み直すインド独立運動』有志舎，2025年（近刊）
長崎暢子『ガンディー——反近代の実験』岩波書店，1996年
ナンダ，B.R.（森本達雄訳）『ガンディー——独立への道』第三文明社，2011年（英語版原著は1958年出版）
間永次郎『ガンディーの真実——非暴力思想とは何か』筑摩書房，2023年

（志賀美和子）

第3章

漫画から入る歴史学

1.『葬送のフリーレン』

　みなさんは『葬送のフリーレン』という漫画をご存じだろうか。アニメーションも深夜枠ながら高い視聴率を稼ぎ出し，海外でも評価はうなぎのぼりとなっているようだ。アニメは原作であるマンガをほぼ忠実に再現し，緻密で繊細な描写と高い音楽性も話題である。なにしろオープニングの主題歌がYOASOBIの「勇者」で，エンディングが milet の「Anytime Anywhere」であったことも，ブームに火をつけたように思える。ちなみにアニメ第2期のオープニング主題歌は，ヨルシカの「晴る」であった。ただし，アニメによって爆発的な人気が出たものの，すでに『週刊少年サンデー』で2020年に連載が始まった当初から，漫画ファンの間では話題になっていたことを指摘しておきたい。

　主人公のエルフであるフリーレンが，勇者ヒンメルらとともに魔王を倒しに行くのであれば一般的なストーリーなのだろうが，この作品は「魔王を倒した後の物語」という特殊な展開であるところがおもしろい。そしておそらく舞台設定は，いまから1000年ほど前の中世ヨーロッパとされているように思える。勇者一行のなかには，キリスト教ならぬ「女神様」を信仰する教団の僧侶であるハイターが出てくるし，街

図1　葬送のフリーレン

Ⓒ山田鐘人・アベツカサ／小学館

並みや社会の様子がどうやら中世のそれと思われるのだ。

　さて，この作品における中世ヨーロッパという舞台設定には，はたしてどこまで信憑性(しんぴょうせい)があるだろうか。たとえば重要なキャラクターの1人であるハイターは眼鏡をかけているし，同じく重要なキャラクターの1人であるザインは，なんとタバコを吸っているという設定だ。タバコそれ自体はアメリカ大陸原産だから，中世ヨーロッパの人びとは存在すら知らないはずである。おそらく作者のアベツカサも，原作者の山田鐘人も，架空の世界を作り出して，物語空間を構築していると思われる。ただ，アニメのほうになるが，エンディング曲とともに提示されるクレジットには，「紋章学監修」という役割で，中世ヨーロッパ史を専門とする池上俊一の名前が記されている。この点からも，やはり中世ヨーロッパの世界観が下敷きとなった物語であると言ってよいだろう。このような点から私は，『葬送のフリーレン』という漫画（もしくはアニメ）をきっかけとして，中世ヨーロッパの歴史や社会に興味と関心をもつ人が出てきたらおもしろいなと思っている。

　そこでもう少し考えてみよう。いったい，漫画は歴史学への入口になるのだろうか？　もしなるとするならば，どのような点に注意すればよいのだろうか？　結論を一つ言ってしまうならば，入口にはなるが，同時に批判的にとらえる視点をつねにもつ必要がある，ということになるだろう。『葬送のフリーレン』では，舞台設定などが中世ヨーロッパであるというだけで，細部については先ほども述べたとおり，時代考証などにかなり怪しい部分が含まれている。もちろん，時代劇としての作品としてつくられているものではなく，あくまでファンタジー作品であるため，歴史的事実と異なる点があるからと言って，その作品としての価値がいささかも損なわれるわけではない。たとえば，身に着けているものや会話などが仮に現代のそれであったとしても，物語としては何ら問題はないだろう。『葬送のフリーレン』では，1000年以上もの寿命をもつエルフが登場したり，魔法によるバトルが繰り広げられるなど，実在した過去を舞台とするものではない。そのぶん，作者は自由に空想世界を描くことができるのだろう。ただし，そこに一定のリアリティーを盛り込むため，中世ヨーロッパという道具立てが利用されたもの

第3章　漫画から入る歴史学　　35

と考えられる。街並みの様子であるとか，城壁に囲まれた都市や兵士が身に着けている甲冑などは，やはり中世ヨーロッパの特徴をふまえている。そこで，『葬送のフリーレン』と歴史学につながりそうなポイントをあげてみると，次のようになるだろうか。

　登場人物が身に着けている服装に注目することで，中世ヨーロッパのファッションについて考察できる。また，折々描き込まれている紋章に注目することで，ヨーロッパには紋章学という分野があることに気づかされる。どのような食事をしているかに注目することで，中世ヨーロッパの人びとの食事や生活に思いをはせることができるし，農業生産の実態に関心をもつかもしれない。魔法によるものは除外するとして，戦闘場面に注目することで，当時の戦いの様子を考察することができる。そして，作品中の人間関係に注目することで，当時の社会制度や因習などに興味をもつ人もいることだろう。もちろん，経済の仕組みや文化のあり方などについても，調べてみたいと思う人が出るのではないだろうか。さらに，宗教に対する考え方は現在と同じなのか，それとも中世独特のものとして描いているのか，あるいはまったくのフィクションとして受け止めるべきなのだろうか。勇者一行のアイゼンが弟子として育てたシュタルクは，作中で何度か「お貴族さまじゃねーか！」と叫ぶのだが，その言葉のなかに当時の身分制社会の様子や価値観がどのように投影されているのだろうか。

　エンタメとしての漫画をあえて歴史学に引きつけるようにして読んでみると，作者が描こうとしたもの，もしくは描こうとしたメッセージを根底の部分で支える歴史的事実（史実）がどのようなものであるのかについて見えてきたりすると思うのだ。漫画をこのようなアプローチで楽しんでみてもよいのではないだろうか。また，漫画家は現在を生きる自分と社会の価値観などを投影しながら作品を残しているとも考えられる。つまり，作品のどの部分に現在からのバイアスがかかっているかを考えてみるのもおもしろいだろう。いずれにしても，作品を味わうときの参照基準として，実際の中世ヨーロッパの歴史を調べてみることが重要になるだろう。その意味において，歴史系漫画は歴史学研究への入口になると言ってよい。

2.『ヴィンランド・サガ』

次に幸村誠による『ヴィンランド・サガ』を取り上げてみよう。こちらも中世のヨーロッパが舞台となっている。ただし，北方のデーン人たちを描いており，『葬送のフリーレン』よりも史実をふまえた作品だ。デーン人たちはヴァイキングとも呼ばれ，そのなかには略奪や戦闘に携わる者たちも存在した。この漫画ではレイフ・エリクソンなど実在した人物をもとに，ヨーム戦士団に属していたトールズの息子であるトルフィンという架空の少年を主人公としている。彼らは，ユトランド半島やスカンディナヴィア半島を拠点とし，バルト海や北海をまたにかけ，アイスランドからグリーンランド，そして北米大陸にまで進出していたと考えられている。一方，彼らは大西洋岸を南下して西欧諸国や，ジブラルタル海峡を通って地中海にまで進出し，ま

図2　幸村誠『ヴィンランド・サガ』

©幸村誠／講談社

図3 船の陸上搬送(オラウス・マグヌス『北方民族文化史』1555年)

た別の一派は内陸河川をさかのぼってドニプロ(ドニエプル)水系やヴォルガ水系に進んでビザンツ帝国やエーゲ海にも出没した海洋民族でもあった。

　さて『ヴィンランド・サガ』である。図2は第1巻で描かれるハイライトシーンだが，どのような場面なのかを，絵をよく見て読みとってほしい。

　竜の頭をもつヴァイキング船を，屈強な戦士たちがかついで突撃している様子が描かれている。先頭に乗っているのは，漫画の重要なキャラクターであるアシェラッドという傭兵隊長だ。ゲルマン系フランク族同士の争いに加勢したアシェラッドが，戦士たちにヴァイキング船をかつがせて山越えを行い，敵の砦に向かって進撃している。見開き2ページを使った大迫力の絵で，呆然とする敵兵の表情と，巨大な船が陸を進む様子が対比されていてすばらしい出来栄えだ。このページを見るだけでも，この漫画を購入した意味があると思えるほどである。さて，そこで質問。このページに描かれているシーンのどこまでが事実で，どこまでがフィクションだろうか。

　戦士たちが身に着けている兜や鎧などは，ヴァイキング時代の甲冑をモデルに描いているように見える。そしてまた，ヴァイキング船が山を越えるなどという一見荒唐無稽なシーンだが，北欧史研究者の熊野聰による『ヴァイキングの歴史』(創元社，2017年)には，図3のような挿絵があり，以下の記述がある。「ビザンティン皇帝コンスタンティノス7世(在位913〜959)の書いた『帝国統治論』によれば，キエフのルーシは，氷が解けると何百隻という大船団を組んでドニエプル川を南下し，黒海を渡り，コンスタンティノープ

ルを訪れて通商を行ったという。この船はルーシ版図内の各地の豪族がそれぞれ用意したものと考えられ、ヴァイキング船というわけではない。すぐ後に述べるように、人が担ぐところから見て、大部分はずっと小さいと考えるべきである。キエフから黒海まで下るドニエプル川には、舟を漕いで操作することのできない急流がいくつもあり、……この種の航行不可能な急流に対しては二つの対処法があった。急流を迂回するべく船を人間の力で担ぎ上げて陸路を運ぶか、あるいは船を陸上からロープで引っ張るのである」(同23頁)。

　漫画に描かれているのは正真正銘ヴァイキング船であるから、あれほどの巨大な船の山越えは不可能であろうが、まったくの根拠のない描写というわけではなかったのだ。歴史的な事実をもとにして、漫画特有の劇的な効果を狙ったものと言える。『ヴィンランド・サガ』では、ほかにも人間業とは思えないような戦闘シーンの描写などもあるのだが、一対一の決闘などにおいて、神と先祖の名をあげて公明正大に戦うことを誓いあう様子など、史実にそくした描写が多く見られる。また、この作品の前半は主人公のトルフィンの復讐の物語なのだが、後半になるとトルフィンは戦士であることをやめ、農民として平和に暮らす努力を始める。じつはこれも熊野が著書のなかで強調したように、ヴァイキングの戦士としての側面だけでなく、むしろ「農民」としての要素に着目する近年の歴史研究をふまえた作品となっていて、このあたりも見どころであろう。ほかにも、随所にヴァイキングの女性や家族、子どもたちの日常生活を描くシーンが織り込まれ、「歴史書」として読むことすら可能であると考えられるのだ。

　さて、このような漫画を「入口」として、「実際の歴史はどうだったのだろう？」などといった興味関心をもち、歴史学の道に進んでほしいと私は願っているのだが、その際に歴史的な事実と描かれる歴史との距離感について、考えておこう。

3. 歴史学は過去をどこまで再現できるのか？

　たとえば、先ほどの『ヴィンランド・サガ』における「山を越えるヴァイ

キング船」は，どこまで事実と言えるだろうか。それとも現実にはありえない漫画表現にすぎないと一蹴すべきなのだろうか。また，漫画のなかで主人公らが会話をするわけだが，もちろんそれはフィクションではあるのだけれど，それらのなかに当時の事実の一端が含まれることはないのだろうか。誤解を恐れず言うならば，歴史研究に基づく論文や概説書では表現できない（表現してはいけない），史料に残されていない部分を推論や連想，そしてフィクションを用いて表現することは，学問としての歴史学とどれほどの距離があるのだろうか。推論やフィクションを駆使したいのなら，歴史小説やそれこそ歴史系漫画などに任せればよいのだろうか。

歴史的な事実だけでなく，「真実」に迫ろうとする際に，以上のような問題に直面することがある。みなさんが卒業論文を作成することがあるならば，必ずこの距離感と向きあうことになるだろう。それは，歴史系漫画との距離感をどうとるか，ということとも重なるであろう。

一方，歴史学者の側からも，研究対象の人物の会話文などを盛り込んだ歴史書の執筆を行う試みがなされている。生きた人間の心の中を叙述しようとした例を二つあげてみよう。

古代ギリシア史が専門の周藤芳幸は，『物語 古代ギリシア人の歴史――ユートピア史観を問い直す』（光文社新書，2004年）のなかで，有名・無名の7人の人物によるモノローグというかたちで，さまざまなギリシア人の考え方や生き様などを表現した。周藤の言葉を「プロローグ」から引用しよう。「この「物語」は，それだけを読むとあたかも歴史小説のように思われるかもしれないが，それらは一つの点で歴史小説とは大きく異なっている。歴史小説の場合には，小説としてのプロットが先にあって，それを膨らませるために歴史的な史料を使うのが一般的だと思われるが，本書の「物語」では，中心となるのは（どれほど推測や想像が加えられていても）あくまで関連する史料であり，その史料に息を吹き込んで生命を与えるために必要な道具として，ストーリーが用意されているのである」(13-14頁)。

一方，古代ローマ史が専門の本村凌二は，『帝国を魅せる剣闘士――血と汗のローマ社会史』（山川出版社，2011年，『剣闘士――血と汗のローマ社会史』中公

文庫，2021年として再刊）のなかで，第Ⅰ部を「ある剣闘士の手記」というかたちで叙述する。そこではミヌキウスという名の剣闘士のモノローグが紹介されているのだが，「手記」の最後に「「訳者」のあとがき」も付されている。第Ⅱ部では「ローマ社会と剣闘士」というテーマで，剣闘士をめぐる詳細な歴史的背景が解説される。ところが，「あとがき」を読むと衝撃の告白がなされているのだ。引用しよう。「……あるとき，私は前代未聞の「ある剣闘士の手記」を"発見"したのである。それを第Ⅰ部として"訳"しながら，テキストにはこれまで史料から知りえた事実が散りばめられるように趣向を凝らした。"訳者"としては望外の幸運であり，ひとつの試行が多くの読者の目に触れることを願っている」(262頁)。

　ここで本村は「匂わせる」表現しか使っていないが，「ある剣闘士の手記」は存在せず，創作である。このように，『物語 古代ギリシア人の歴史』も『帝国を魅せる剣闘士』も，ともにフィクションを導入しながらも，史料をすべての根拠として叙述している点は共通している（本村は本人が創作した架空の「手記」を設定しているが，それも実在する史料をもとにつくられたものである）。その意味においてこのような試みも，歴史学の一環であると考えられる。ただし，推論や一定のフィクションが加えられている以上，周藤は題名に「物語」という言葉を付けざるをえなかったし，本村も「あとがき」において種明かしをする必要があったのだ。

4. 歴史系漫画へのお誘い

　最後に，ほかにも歴史学への「入口」を提供してくれる漫画があるので，対象となっている時代順に紹介しよう。ただし，以下のリストは，私が読んだことのある作品に限定しているため，ほかにも優れたものが多数あると考えられる。偏った紹介になるのは，ひとえに私の能力不足によるものである，お許し願いたい。そのため，ぜひいろいろと自分で探してみてほしい。また，歴史を題材としたものと銘打っていなくても，日本や世界の歴史の理解が底流に流れているものもあると思われるので，「もしかしてこれはあの

歴史をふまえて描いているのかな？」などと考えながら漫画を読むと，違った角度から楽しむことができるだろう。

『墨攻(ぼっこう)』森秀樹，酒見賢一・原作，久保田千太郎・シナリオ協力（小学館）戦国時代に活躍した諸子百家のうち，「兼愛」「非攻」を説いた墨家の革離(かくり)という人物を主人公とした物語。「墨守」という言葉どおり，無報酬で小城を守りぬく革離を通して，古代中国の諸側面を理解することができる。

『キングダム』原泰久（集英社）　映画化もされており，これで古代中国や始皇帝に興味をもった人もいるだろう。映画「キングダム」の中国史監修を行った鶴間和幸の『人間・始皇帝』（岩波新書，2015年），『始皇帝の戦争と将軍たち――秦の中華統一を支えた近臣軍団』（朝日新書，2024年）も併読するとよいだろう。

『蒼天航路(そうてんこうろ)』李學仁(イ・ハギン)・原作／原案，王欣太(KING GONTA)・作画（講談社）　『三国志演義』とは異なり，曹操(そうそう)を主人公とした作品。政治・軍事・文化に精通した曹操の生涯を描き切る。風評の重要性などを強調している点が，名士からの支持が必要とされた史実をふまえている。

『ヒストリエ』岩明均(いわあきひとし)（講談社）　『寄生獣(きせいじゅう)』でおなじみの作者が，アレクサンドロス大王側近のエウメネス（実在する将軍）を主人公に描いた漫画。ドラマチックな展開で，先を読みたくて仕方がなくなるが，こちらの予想を必ず裏切るストーリー性が魅力的。森谷公俊『アレクサンドロスの征服と神話』（講談社，2007年，講談社学術文庫，2016年）や，澤田典子『よみがえる天才4　アレクサンドロス大王』（ちくまプリマー新書，2020年）などのマケドニア研究の概説書とあわせて読むと，作品を2倍楽しめることだろう。

『テルマエ・ロマエ』ヤマザキマリ（エンターブレイン）　風呂という特異な切り口から，古代ローマと日本社会を風刺した作品。ローマ市民の生活や，軍隊の様子などを知ることができるが，風呂を通した日本各地の民俗の探究にもつながっている。なお，ローマ社会のなかにゲルマン人が入り込んでゆく，いわゆる「平和的移住」について，これほどわかりやすく紹介している本を私は知らない。

『プリニウス』ヤマザキマリ，とり・みき（新潮社）　『博物誌』の著者として

知られるプリニウスを主人公とした作品。帝政ローマ時代の社会を，博物学者の視点から切り取ることができる。プリニウスの表情や生き様を読むと，「なるほど実際にこのような人だったんだろうなあ」と思わされてしまうところが，ヤマザキマリの才能のなせるわざか。また，とり・みきの詳細な背景描写にも注目。

『阿・吽』おかざき真里（小学館）　天台宗と真言宗の開祖となる最澄と空海を主人公とする漫画。両者の修行と思考方法を，コンピューター処理になぞらえるなど，現代風にアレンジされている。仏教思想というとっつきにくいテーマに対し，ビジュアル面に優れる描写によって多くのファンを引きつけた作品。

『風の谷のナウシカ』宮崎 駿（徳間書店）　こちらも中世のヨーロッパあたりをモチーフに描かれた漫画。間違えてほしくないのは，映画化されたアニメは，『風の谷のナウシカ』のほんの一面しか描いていないということだ。全7巻におよぶ宮崎駿の作品からは，中世ヨーロッパの封建社会の構造，身分制社会，宗教が強い影響力をもっていたことなど，当時の社会の一端を垣間見ることができる。

『チェーザレ――破壊の創造者』惣領冬実（講談社）　チェーザレ・ボルジアをフィレンツェ出身の第三身分であるアンジェロの目から描く。とにかくチェーザレがかっこいい。登場人物も，ロレンツォ・デ・メディチ，レオナルド・ダ・ヴィンチ，コロンブス，マキャヴェリ，サヴォナローラ，のちのレオ10世となるジョバンニなど豪華絢爛。ローマ教皇選挙であるコンクラーベの様子など，時代考証を徹底的に行いながら描き込む様子は，まさに著者の「人生をかけた」もの。マキャヴェリ『君主論』（岩波文庫，1998年）とあわせて読みたい。

『チ。―地球の運動について』魚豊（小学館）　ルネサンス期のポーランドを舞台に，コペルニクス前夜における地動説研究をめぐる物語。スリルとサスペンス，そして脈々と受け継がれる大河ドラマ。発明されたばかりの活版印刷術も登場する。田中一郎『ガリレオ裁判――400年後の真実』（岩波新書，2015年）と読み比べてみたい。

『ベルセルク』三浦健太郎（白泉社）　近世ヨーロッパにおける傭兵の様子をうかがうことができる。すさまじい迫力のダークファンタジーであるが，作者急逝により未完。

『バガボンド』井上雄彦（いのうえたけひこ）（講談社）　吉川英治の『宮本武蔵』を漫画化したものだが，完全に「井上雄彦の武蔵」になっている。江戸時代初期の社会や浪人たちの様子を知ることができるが，武蔵とライバルとの対決シーンが中心である。ただし，武蔵（たけぞう）の人間的成長を描く点にこそ，本作品の魅力があると考える。

『カムイ伝』白土三平（しらときんぺい）（青林堂）　江戸時代の社会・経済・政治を総合的に描いた名著。史学史的に言うならば人民闘争史観に基づくものと位置づけられよう。多くの登場人物が身分制社会のなかで生きる様子を描いた群像劇で，カムイという忍者を狂言回しとしながら，農民一揆へと収斂してゆくスケールの大きさは他の追随を許さない。続編では日本史の網野善彦（あみのよしひこ）らの研究をふまえて，漁民にも視野を広げたが未完。田中優子『カムイ伝講義』（ちくま文庫，2013年）とあわせて読むことをおすすめする。

『ベルサイユのばら』池田理代子（集英社）　みなさんのご両親世代のバイブルかもしれない漫画。宝塚歌劇団による公演の定番にもなった作品。フランス革命前夜の社会と歴史を描く。男装の麗人オスカルを主人公に据えることでジェンダーにつながる観点も先駆的に盛り込んでいて興味深い。何より，マリ・アントワネット再評価のさきがけともなった作品であり，時代考証などがきわめてしっかりしていることに驚かされる。

『乙嫁語り』（おとよめがたり）森薫（エンターブレイン）　まず絵が美しい。そして，19世紀の中央ユーラシアにおける遊牧民の生活と文化が描かれるなど，ほかでは味わえない世界観にひたることができる。物語後半になると，ロシアの進出が描かれるようになり，これって南下政策のことだよね，と気づかされる。

『虹色のトロツキー』（にじいろのトロツキー）安彦良和（やすひこよしかず）（中公文庫）　『機動戦士ガンダム』のキャラクターを担当した安彦良和による歴史漫画。「満洲国」の様子を具体的に描写する。関東軍の内実や中国における抗日運動も表現されている。「五族協和」の実態やノモンハン戦争の様子を知ることができるだろう。

『**アドルフに告ぐ**』手塚治虫（文藝春秋）　「3人のアドルフ」を主人公にした手塚の創作漫画。もちろん1人はアドルフ・ヒトラー，残る二人はドイツ人のアドルフ・カウフマンと，同年代のユダヤ人の少年アドルフ・カミル。狂言回しとして日本の記者である峠草平が活躍する。戦間期のヨーロッパと日本を舞台とした作品だが，ラストシーンではパレスチナ問題にまでつなげていて，手塚の構想力のスケールの大きさに圧倒される。

『**石の花**』坂口 尚（さかぐちひさし）（新潮社）　戦間期のユーゴスラヴィアを舞台とした作品。このテーマを取り上げてくれただけでも価値があると言いたいが，運命に翻弄される少年少女とユーゴスラヴィアという国家のドラマを味わえる。知らなかったことが見えてくるようになり，考えてもいなかったことを考えさせられる作品。ユーゴスラヴィア史研究の第一人者であった柴宜弘（しばのぶひろ）『ユーゴスラヴィア現代史　新版』（岩波新書，2021年）とあわせて読みたい。

『**台湾の少年**』游珮芸・周 見信（ゆうけんしん），倉本知明訳（くらもとともあき）（岩波書店）　中国→日本→中国（国民党）→民主化と，時代の潮流が大変動していった近現代の台湾の歴史を，主人公とともに追体験できる作品。中国とは何か？　台湾とは何か？　日本による植民地統治とは何か？　国民党による統治の特徴は何か？　そもそも国家とは何か？　などなど，さまざまなことを考えさせられる。作中，中国の共通語，台湾の閩南語（びんなんご），そして日本語を主人公が使い分ける様子が描かれているところも要注目。

『**火の鳥**』手塚治虫（角川文庫）　あまりのスケールの大きさに，表現する言葉が見つからない。日本，世界，過去，未来，宇宙，来世，そして現在，そのすべてが有機的に連関しながら歴史を奏でている。人間とは何か？　生きるとは何か？　命とは何か？　を問い続ける名作。環境問題も，ビッグデータの問題も，AIの問題も，すべて『火の鳥』のなかに示されていた。そして何より思想の書。

　いわゆるエンタメ系漫画は，視覚からの情報量が多いぶん，小説以上に人物や時代のイメージをつくりあげてしまうだろう。また，従来から形成されていた「虚構としてのイメージ」を増幅させてしまうような作品も存在す

第3章　漫画から入る歴史学

る。どこまでが事実であるかを検証することは，学問としての歴史学を学ぶ第一歩にもなるだろう。

参考文献
指昭博「歴史エンタテインメントと歴史研究」『歴史学研究』1052号，2024年9月号
谷川春菜「エンターテイメントと歴史の交差点——漫画『天幕のジャードゥーガル』」『歴史学研究』1052号，2024年9月号
田伏優治「学習まんがというジレンマ——エンタメとアカデミズム，教育のはざまで」『歴史学研究』1052号，2024年9月号

（津野田興一）

コラム1　町の本屋さんで迷う

　みなさんは人生に迷ったことがありますか？　いままでの人生のなかで，たとえば高校での進路選択や恋愛などの場面で，いったいどうしたらよいのかわからなくなった，なんていう経験をしたことがないだろうか？　じつはこのコラムの隠れたテーマは，「迷うことのススメ」。

　さて，みなさんは日頃どんな本屋さんに行くだろうか？　たとえば大学の生協に書籍部が併設されていることがあるかもしれない。販売価格は一般書店に比べると安くなっているから，みなさんの財布にやさしいことと思う。でも，それで満足してもらってはもったいない。ぜひ，町の本屋さんにも足を運んでみてほしい。と言っても，それこそ商店街にある小さな本屋さんから，駅に併設されているチェーン店の本屋さん，そして大きな都市のビルのなかに入っている巨大書店まで，さまざまな本屋さんがあるだろう。

　いくつかの本屋さんに入ってみると，その品ぞろえや配架の仕方などが，本書のような入門書と同じになっていることに気がつくはずだ。つまり，入口に近くパッと目につくところには雑誌や新刊書が置かれていて，人を惹きつけようと工夫されているはず（本書がそれに成功しているかはわからないが）。そして次に文庫と新書のコーナー。これらはみな，回転が早い本と言えるだろう。図書館と違って本屋さんの場合はある意味「鮮度が命」。趣味や話題の本をたくさん用意して，まずは店内に入ってもらわなければならないのだから，そのねらいは理解できるはずだ。

　まずは雑誌，次に文庫と新書のコーナーをめぐってみよう。雑誌のなかには硬派なものがあるかもしれないので，定期的にチェックするとよいだろう。そして文庫と新書のコーナーでは，岩波新書，中公新書，講談社現代新書，ちくま新書，岩波文庫，新潮文庫，中公文庫，講談社学術文庫あたりが定番か。世の中で話題になっていることなどをわかりやすく解説してくれるのが新書，小説などの文学作品や，さまざまな古典などを扱っているのが文庫とおおまかに理解しておくと，ほしいものにたどりつけることだろう。

　ちなみに岩波書店は「買い取り制」をとっていて，本屋さんからの返品を

基本的に受け付けていない。したがって，小さな町の本屋さんにもかかわらず，岩波文庫や岩波新書の品ぞろえが充実しているところは，なかなか売れないかもしれないけれど古典などの本を置くべきと考えている「一本筋の通った本屋さん」と断言することができる。

さらに奥まで入っていくと，新書レベルを超えた専門書などが並んでいるかもしれない。できればここで1～2冊本を手に取り，パラパラとなかをめくってみよう。そのとき，「まえがき」と「あとがき」をひろい読みすることをおススメする。本の内容をおおまかにつかむことができるだけでなく，なぜその本を書いたのかなど，著者の赤裸々な姿をうかがい知ることができて，本の内容をぐっと身近に感じることができるだろうから。

「スマホでググれば」必要な知識や情報がある程度は手に入る現代の社会。ピンポイントでほしい本が決まっていてすぐに入手したい場合には，ネット書店で注文するのがきっと手軽で早いことだろう。でも私がみなさんに実行してほしいことは，「自分の頭で考える」経験を積むことだ。本屋さんに足を運んでページをめくり，自分で探し出した本にはきっと愛着がわくだろう。また，自分で直接手に取れば，本の質感を楽しむこともできる。

品ぞろえや本の並べ方などからは，それぞれの書店の個性を読みとることができる。また，「一本筋の通った本屋さん」は，地域における文化の担い手という役割も果たしているだろう。できれば自分のお気に入りの本屋さんを見つけ，少なくとも週に1～2回は行くなどの定点観測を行って，配架の変化を楽しむことができれば，そこにはもう「通」の世界が広がっている（笑）。そして，地域における文化の輝きの継続に，本を購入することでささやかかもしれないが貢献をしてもらいたいものだ。

町の本屋さんという「小さな森」のなかをさまよってみると，いままでの自分からはまったく見えていなかった世界が広がっていることに気がつくことだろう（近年全国各地で閉店があいつぎ残念なのだが）。ネット空間とは異なる「質感のある世界」のなかで，どの本を読もうかなと迷ってみること。いかがだろう，そのときあなたはきっとワクワクしていないだろうか？

（津野田興一）

コラム2　図書館へ行こう

図書館に慣れておこう

　大学の図書館は本を探すだけではなく，日々の勉強の手助けをする役割があるので，みなさんは足を運ぶ機会も多いだろう。近年オンラインによる情報伝達の技術が飛躍的に向上し，自宅のパソコンにより多くの書籍や論文を閲覧できるようになった。授業の発表の準備なども，コタツに入ったままできそうだ。しかしとくに歴史学などの人文系の分野では，オンラインではまだまだ十分な情報は得られない。必ず図書館に慣れてほしいのである。

大学図書館の使い方

　大学図書館には，総合図書館と学部や学科などの図書館・図書室がある場合がある。総合図書館は，たいてい開架と閉架に分かれている。開架には入門的なものから専門的な書籍まであるが，より専門性が高いものは閉架や，学部・学科の図書室にある。また教員研究室に配架されているものもある。図書の使い方はそれぞれルールがあるので確認し，早く慣れてほしい。

どうやって探すか？

　端末にキーワードを入れれば，本のタイトルが出てくる。しかし多すぎてかえって困ることもある。そんなときは授業中紹介された，あるいは配布資料にある書籍や，担当の先生の著作がないか探そう。研究雑誌の論文などが必要なときは雑誌コーナーを見よう。雑誌は製本されて，年代順に配架されていることが多い。たいていは館内でコピーが可能か，一時的に持ち出してコピーをとることになる。

　わからないことは相談窓口で聞こう。大学院生などのチューターが教えてくれる場合もある。いずれにせよ，たとえば「明治維新で活躍した人名を調べたい」などと，質問をできるだけ絞り込んだほうがよい。漠然としていると，答える側も困ってしまう。

大学以外で本を探す

　自分の大学か自宅の近くにある図書館も訪ねよう。市町村立の図書館には専門的な研究書は多くないが，概説書はそろえていることがある。近くの

図書館にどんな本があるのか知っておくと便利である。現在，各都道府県の自治体の図書館の横断検索ができるサイトがあるので，ぜひこれを利用しよう。

国立国会図書館の使い方

国立国会図書館（NDL）は，国内の書籍，雑誌の多くを所蔵している。利用する場合は，当日利用も可能だが，あらかじめオンラインで手続きして，窓口で利用者カードを発行してもらおう。このカードは非常に便利だ。館内では図書の閲覧・返却にこれが必要となる。なお館内にはコピー・サービスもあるが，著作権の関係上，制約もあるので注意が必要だ。

NDLデジタルコレクションは，書籍，雑誌の画像をオンラインで提供するシステムだ。利用者登録してログインすれば，かなり多くの資料を自宅から見ることができる。とはいえ最近発行された書籍や雑誌などは，図書館に直接行って見なければならない。また検索機能が非常に高い。キーワードを入れると書籍や雑誌の記事から，その該当箇所を示してくれる。これはとくに日本近現代史研究にとって大きな変化である。昔，書籍や雑誌をひっくり返して探した事件や人名が瞬時に出てくるからだ。これからみなさんはこれを利用するだろうが，そこで検索して得た事実を，レポートや卒業論文などにどのように引用するかということについては，先生に聞いてほしい。

背文字を見ながら図書館を歩く

いまや，オンラインで本の検索も便利になった。検索して図書の請求記号がわかったら，その場所へ行けばよい。しかし検索用のパソコンとその本のある書架の間だけでなく，広い図書館のなかを歩いてほしい。書架に並んだ本の書名をながめ，気になった本を取り出してめくってみよう。何気なしに手に取った本が，自分の興味をかき立ててくれることも多いのだ。

参考になるウェブサイト
- 国立国会図書館デジタルコレクション（https://dl.ndl.go.jp/　2024年11月26日閲覧）
- 国立国会図書館総合目録ネットワーク　都道府県立図書館OPAC一覧（https://ndlsearch.ndl.go.jp/somoku/info/opaclist　2024年11月26日閲覧）

（源川真希）

第4章

4年間で歴史学を身につける
── 学びの過程とその意義

1. 大学で歴史学を学ぶとは

「暗記」と「歴史オタク」

　この本を手に取ってくれた人は，おそらくそのほとんどが，歴史に関心がある，あるいは，「歴史が好き」という感覚をもっている人たちだろう。では，この「歴史が好き」という感覚はどこから来ているのだろうか。

　第一は，小学校，中学校までの歴史科目，高校の日本史や世界史を理解できたという「成功体験」に基づいている場合が多い。そして，大学入試でも，日本史や世界史を受験選択科目の一つとして選択し，大学に合格しているのだから，この感覚はさらに強くなっているだろう。

　大学入試のための日本史や世界史は，用語をできるだけ多く記憶しなければならない。そのため，「暗記科目」として批判されてきた。そして，残念ながら，実際に記憶力のみを問うような入試問題もいまだに多い（本書第1章で述べているように，そうでない問題もあるが）。

　「知る」ということ，知識を蓄積していくこと自体は楽しいことである。しかし，なぜ「知りたい」のか，また「知る」方法そのものを考えていかなければ，その知識はたんなるクイズ的知識にとどまってしまうだろう。

　第二には，日々の生活のなかで歴史にふれているためである。小説，テレビ番組，マンガ，アニメ……といった歴史を題材にした作品はきわめて数多い。これらに日々ふれることで，私たちは歴史にふれている。そのため，基

本的に「歴史が好き」という感覚を多くの人がもつこととなる。

　そのようなメディアにおいて描かれる歴史は，必ずしも適切な方法で扱われてはいない。むしろ，さまざまな人名・用語が文脈から外され，断片化させられて，自分たちの都合よいストーリーが勝手に作り出されていると言える。そして，そこでつくられた「オタク的知識」は，そのなかでさらに蓄積・再編され，そこでのみ通じる世界観を生み出している。

　ここで描かれている世界像は，学問的であるとか学術的と言うことはできないように思う。あまりに，非現実的・ファンタジー的要素が多すぎるからである。

　前者を「暗記的知識」，後者を「オタク的知識」と呼ぶとして，これはこれで歴史実践と呼ぶことはできる。それでは，大学で学ぶ「歴史学」とはどのようなものだろうか。いままでふれてきた歴史とは違うものなのだろうか。

　ここで思い起こしてほしいのは，みなさんが高校で受けてきた歴史の授業である。高校の授業では，知識を暗記することだけを要求されてきたわけではないだろう。第1章ですでに述べられているとおり，そこには，大学で学ぶ歴史学の基本がすでにある。また，「オタク的知識」と呼んだもののなかにも，歴史学に通じる方法もあるだろう。

　以下では，大学で学ぶ歴史や歴史学について，その概要を見ていきたい。なお，「歴史」と「歴史学」という言葉を使い分ける。それぞれについては，第3節で述べるが，とりあえず，ここでは，「歴史学」とは「歴史」を対象にする科学である，としておく。

大学で歴史・歴史学を学ぶ過程

　まず，みなさんが大学において歴史や歴史学を学ぶ過程について見ておきたい。これは，「自分自身を歴史のなかに位置づける」試みだと思って，自分の大学での4年間の行く末を考えてみてほしい（図1）。なお，ここであげる例は，筆者が勤めている大学をモデルとしているので，各大学において多少の差異があると思うが，それは適宜自分のケースに置き換えてみてほしい。

　大学に入学して，歴史や歴史学にふれる場は専門教育と一般教育（教養教

図1　大学で歴史を学ぶ過程

1年次	2年次	3年次	4年次
4月　入学 主要な授業 概論・概説 （学年でのねらい 　知識・歴史像の 　深まり）	4月　コース選択 主要な授業 基礎演習 講読 （学年でのねらい 　実践の基礎 　方法の基礎）	4月　ゼミ選択 主要な授業 ゼミ 講読 （学年でのねらい 　実践の深まり 　方法の深まり） 2月 就職活動開始 →4年次まで継続	主要な授業 ゼミ 卒論 （学年でのねらい 　学術的な文章を 　書く力 　研究の集大成） 5月　卒論題目提出 〜8月（?）　就職活動 12月〜1月　卒論提出 2月　口頭試問 3月　卒業

育)の二種類ある。ここでは，歴史を専門とするケースで考えていきたい。

1年

　1年次では，日本史・東洋史・西洋史・考古学などの概説を受講する。このほかには，史学入門や史学概論の講義を受ける。

　概説は，（高校までの授業のような）講義形式でそれぞれの歴史をおおまかに見ていくことが基本となる。高校の世界史は，東洋と西洋と区分される。東洋とはおおまかに言うとアジア，西洋はヨーロッパ，アメリカを中心とした地域である。

　概説と言うからには古代から現代までを通して見るという講義となるが，教員の専門にしたがって，ある時代や地域に重点がおかれる場合もある。

　概説の授業は，基本的な知識の蓄積の一環と言える。しかし，半期15回または通年30回程度の授業で，すべての知識を網羅的に習得することは不可能である。そのため，それぞれの概説で語られるのは，担当教員の歴史観に基づいて選択され描かれた歴史像であり，語られる歴史像は教員によって異なることになる。大学で学ぶ歴史は，高校までの歴史科目のような「唯一正し

い答え」を暗記するものとは違うものである。

　つまり，概説の授業においては，大学入試に必要とされた網羅的に単語を覚える，知識を詰め込むといったことは期待されていない。試験は確かにあるが，一問一答式のものではなく，論述式のものが大半であろう。論述試験では，単語の羅列ではなく，論理的に論述することが要求される。

　各種概説に対して，史学概論は，歴史学の概論である。ここで講義されるのは，歴史とは何か，歴史学の歴史（史学史），歴史学の方法など，歴史学そのものについての議論である。

2年

　2年に進むと，みなさんは，日本史・東洋史・西洋史・考古学のそれぞれの専門のコースを選択することとなる。そして，選択した専門の基礎的な知識・手法を学んでいく。そこで，2年次は，史料・文献講読や古文書学および基礎演習が配置されている。

　講読の授業では，日本史ならば史料を読むための基礎，たとえば，くずし字の解読の練習や古文書学の基礎を学ぶ。外国史ならば，外国語の史料や文献・論文を読むための基礎を学ぶこととなる。

　基礎演習の授業は，歴史学の研究の基本的方法の一つである演習形式の授業にふれることを意図している。演習形式の授業とは，教員が多くの学生に対して語る講義形式とは違い，少人数を単位として学生自身が授業をつくる形式のものである。学生が報告を行い，それに対して他の学生が質問を投げかけ，全体で議論を行うことで相互に学びあう。そして，報告した学生は自身の研究をさらに深めていく，ということとなる。最初は，文献や論文を要約し，その内容を報告し，みんなで議論するというやり方で，文献や論文の読み方を学ぶことが多いだろう。

3年

　3年になると，自分の専門の演習（ゼミ）に入る。ゼミでは，特定の教員のもとにつき，卒業論文まで指導を受けることになる。そのため，ゼミの選択は重要である。ゼミで行うことは，より専門に近い文献・論文の内容報告や史料の精読，ゼミ生の研究発表が主になる（第9章参照）。ゼミでの研究報告

は、卒業論文の基となっていく。

また、史料・文献講読もさらに上級のものが配されている。

4年

4年次は、卒業論文を執筆することがメインとなる。3年次からのゼミも継続しながら、指導教員の指導のもと、卒論を仕上げていくこととなる。そして、卒論を執筆し、提出した後には、口頭試問を行う。卒業論文については、以下で少し詳しく見ていくこととしよう。

2. 歴史や歴史学を学ぶことで身につくもの

卒業論文を書く

大学において歴史や歴史学を学んだことの集大成が、卒業論文であろう。歴史や歴史学を学ぶことのできる大学の大半では、卒業論文が課されている。

卒業論文の執筆・作成過程は、4年間で学んだことが凝縮されていると言えるだろう。そこで、ここでは、歴史学の卒業論文を作成する過程について少し述べておきたい。

卒業論文の作成は、およそ以下のような過程をとることとなる。

(1) テーマを決める。
(2) 史料・文献を探索、収集する。
(3) 集めた史料・文献を読み、分析・検討を行う。
(4) 執筆する。

ストレートに並べると上のようになるが、これは1回かぎりで済むものではなく、何度もこのプロセスを行ったり来たりするものである。

(1) テーマを決める

「テーマを決める」ことは、「研究対象の特定」だけでなく、「問題意識や研究目的の明確化」も含んでいる。この「テーマ決め」は、一番最初に行うものであるが、そこに含まれる「問題意識」や「研究目的」は、すぐ決められるものではない。そのため、続く(2)、(3)を行っていく過程で何度も練り直

すものである。

　ここで重要なことは,「問題を自分で見つけ出すこと」である。教員は,学生自身が何に対して興味をもっているか,ということに干渉はできないし,また,テーマを無理やり決めることはしない。教員は,以下の(2)から(4)の過程において手助けすることはできる。しかし,(1)については,基本は手助けすることはできない。とくに,その一番最初のところである「何に興味があるか」は,自分自身の論文の一番の基礎となるからじっくり考えてほしい。

(2) 史料・文献を探索,収集する

　「史料・文献を探索,収集する」は,研究対象に関する史料や文献を集めることである。文書館,図書館や書店,近年ではインターネットも使って史料収集を行う（コラム1, 2, 3, 4参照）。

(3) 集めた史料・文献を読み,分析・検討を行う

　「集めた史料・文献を読み,分析・検討を行う」については,まず「先行研究の検討」を行う。「先行研究の検討」は,自分の選んだテーマについてすでになされている研究で,どのような議論が展開されているかを批判的に整理することである（第13章参照）。そして,その整理に基づいて,史料を読み解いていき,自分なりの仮説や問題提起を示すこととなる。

　その仮説に基づいて,史料を解釈し,それが正しいかを検討する。そして,正しくなければ,仮説に修正を加えていくこととなる。

(4) 執筆する

　「執筆する」は,(1)から(3)の過程と同時進行でもありうる。

　まず,論文の基本的構造を見ておきたい。論文は大きく分けると,①問題設定,②論証部分,③結論,の三つの要素から構成される。

　①問題設定は,「何を明らかにするのか」「テーマを特定した理由」「問題意識」「先行研究の批判的検討」などが含まれる。②論証部分は,史料などを提示して,論証を行う部分である。③結論は,論証部分から論理的に導かれる結論が書かれなければならない。また同時に,この結論は問題設定に対応していなければならない。

論文は，①→②→③という順でならぶことで論証過程が成立することとなる。しかし，実際には，必ずしもこの順で書き進める必要はない。むしろ，②→③→①という順番のほうが書きやすい場合が多いだろう。

「問題意識」は一番最初にあるべきものだとしたが，実際には，書いていく過程で変わるものであり，また，予測した「結論」も史料や文献の検討過程で変わっていくことも多い。そのため，ここまでの過程を何度も行ったり来たりすることとなる。

注をつける　もう一つ，卒論を書くうえで重要な要素がある。それは，注をつけることである。注には二種類あり，一つは，本文で説明できない事項を補足的に説明する説明注であり，もう一つは，出典を示す引用注である。注をつけるのはわずらわしいかもしれない。しかし，引用注は，そこで述べていることが，自分勝手な見解ではないということを示している。

そうなると，論文が注だらけになってしまうのであるが，自分自身の学術的な正当性を主張するためには必須の作法である。しかも，この作法と態度は学問の本質とも言えるのである。

歴史学を学ぶ意義を考えるとき

大学で歴史や歴史学を専門に学ぶ環境にいると，「歴史や歴史学を学ぶ」という状況は当たり前のものとなり，その意味を考えることはあまりないだろう。いままで言ってきたことは，卒業論文を含め，必修の科目を履修して，その単位を取得するという，「しなければいけない」ことなのである。

それでも，みなさんが歴史や歴史学を学ぶ意義を考えなければならないときがある。それは，たとえば，他の学部や他の学科の友人と話しているときなどである。そのようなときは，「趣味だから」「好きだから」で済むかもしれない。

だが，これでは済まない場合が出てくる。その最たるものは，みなさんのライフコースで重要な位置を占めることとなる就職活動のときであろう。

就職活動は，3年次の2月・3月あたりから始まり，4年次の夏休み前後まで，長い場合は10月くらいまで続く。就職活動全体は準備すべきことがさま

ざまにあるが，企業や相手先と直接のコンタクトをとるのは，エントリーシートに始まり，選考試験や面接時といった場面になる。

　ここで少し立ち止まって考えてほしいのは，卒業論文の完成は，4年次の12月から1月にかけてだということである（図1参照）。ということは，就職活動の際には，卒業論文は完成するどころか，まだ一文字も書いているはずはない。せいぜい，テーマが決まっているかどうか，というところであろう。つまり，就職活動の段階では，自分の学業の到達点はまだ見えていないのである。

　未完成の段階で，エントリーシートや面接の際に聞かれることになるのが，「あなたは大学で何を学びましたか」という質問である。

　これに対して，「歴史です」とだけ答えるのは何も言っていないのと同じだろう。それは履歴書を見ればすでに書いてあり，一目でわかるからである。問われているのはその先のことであろう。

　しばしば聞かれるのは，研究のテーマである。しかし，ただ論文のテーマを言うだけでは十分ではない。なぜ，そのテーマを選んだか，その重要性は何なのかは答えてほしい。また，高校の教科書でもよく知られていることをわざわざテーマに選んだならば，そこから教科書とは違う何を引き出そうとしているのか，このようなことを考えて答えなければならない。

　さらに，研究だけでなく，「大学で何を学んだか」を問われることもある。その場合，答えなければならないのは，4年間何をしてきたかであろう。大学生活にはいろいろな側面があるが，ここでは学業，とくに歴史学の効用についてみなさんに意識してもらいたいことを述べておく。

4年間で何が身につくか

　大学で歴史学を学んでも，特殊な資格を取れるわけではない。教員免許や学芸員などの資格を取得することは可能であるが，全員が研究者になったり，高校や中学の歴史や社会科の教員や学芸員になるわけではない。つまり，歴史や歴史学を専門とする学生の大半は，いわゆる普通の企業に就職することとなる。

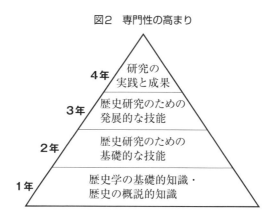

図2　専門性の高まり

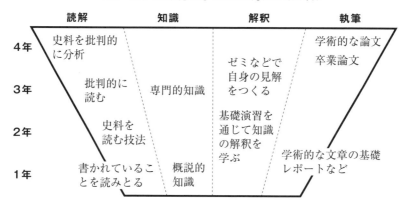

図3　大学で歴史学を学ぶことで身につくスキル

　では，歴史や歴史学を学ぶことで何が身につくのかを考えてみよう。上で述べた歴史や歴史学を学ぶ過程を再度見直して，それぞれの学年で意図されている学ぶべきことについて理解してほしい。

　概説・概論や各年の講義では，歴史の「知識」やそれぞれの教員の「解釈」の仕方を，ゼミ形式の授業では「研究の手法」を学んでいるはずである。そして，卒論作成の過程では，まず問題を自分で見つけ出し，それに解を見出すという能力が訓練される。そして先行研究の整理を行うことで，他人の見解を評価し，どのように自分の見解に取り入れるかを判断する力を身につけ

ている。

　専門性という観点では，知識や技術を積み重ねていくことで，研究のための知識・技能がピラミッド状に，卒論に向かって集中していくようなかたちで高まっていく（図2）。

　これに対して，スキルという観点では，「知識」だけでなく，「批判的読解」「史実の解釈」「執筆」というスキルが着実に高まっていき，できるようになることが広がる（図3）。生活のうえでは，「批判的読解」は「メディア・リテラシー」に，「史実の解釈」は自身の見解をもつ能力に，そして「執筆」は自身の考えを明確に表現する，というスキルへとつながっていく。

　また，「卒業論文を書く」の項で述べたし，第3節の「歴史学を学ぶ意義」でも述べることになるが，歴史を考えるうえでは思考のプロセスを何度も繰り返すこととなる。そのため，歴史学を学ぶことで最も身につくのは，「粘り強く考える」姿勢と言えるだろう。

3. 歴史学を学ぶ意義

歴史と歴史学

　先に，「歴史」と「歴史学」という言葉を使い分け，歴史学とは「歴史」を対象にする科学である，とした。この場合，歴史そのものは知識の対象である。これに対して，「歴史学」という言葉は，歴史を分析するための方法とした。まず，対象である歴史について考えておきたい。

　「歴史」とは，①「過去に起こったこと」，②「過去の事柄を調査・探求し，叙述・物語ること」という大きく二つの性格をもっている言葉である。過去の事柄というだけであって，その対象範囲は，きわめて広大・茫漠なものである。さらに，この二つは一見異なるもののように見えるが，過去の事柄は語られなければ歴史にならないので，両者は不可分の関係にある。つまり，歴史は，①の「事実」としての「客観的」要素，②の「主観的」な要素という二つの性格をあわせもっていると言える。

「歴史」そのものに意義はあるか？

歴史を学ぶことに意義があるとするならば，それはなぜだろうか？

第一に，歴史そのものに意義があるという考え方がある。たとえば，19世紀の哲学者ヘーゲルは，「世界史」を「理性の歩み」，「自由の発展の過程」としてとらえる。この場合，歴史の意味や目的は歴史そのもののなかに隠れており，それを明らかにすることが目的となる。これは，歴史哲学と呼ぶべきものであって，このような態度は，歴史学とは異なっている。

第二に考えられるのは，「温故知新」というように，歴史から教訓を引き出す，ということである。これこそが，歴史が一般的に好まれる理由でもあり，一般に「歴史好き」と言われる人びとの志向やビジネス関連の歴史読物というものは，このような傾向が強い。

歴史を対象とし，そこから問題を引き出すという点では，歴史学と似ているようにも見える。しかし，この「教訓」は，単純に過去の事績や故事が（なんとなく）似ているから，それを将来にもあてはめるということを意図している。これは，過去の歴史的事象の複雑さを過度に単純化し，自分の都合のよいように利用することにつながる。

上の二つは，歴史学が歴史を考える態度とは異なっている。では，歴史学とはどのような学問だろうか。

「歴史学」という学問

先に「歴史学とは歴史を対象にする科学である」と書いた。では，「科学」とは何だろうか。さまざまな意味がありうるが，ここでは「科学的方法に基づいた学術的知識」としてみたい。「科学的方法」と言ってもさまざまであるが，基本的には，「物事を調査・整理し，新たな知見を得て，その正しさを立証していくプロセス」だと言えるだろう。

人文社会科学の場合は，①対象を観察する→②考察する→③考察した結果を表現する，というプロセスをとる。このプロセスが独りよがりにならず，他者も理解・合意できるようにするために，1. 論理整合性，2. 事実立脚

性，3.「客観性」が要求されるのである。

　歴史学は，このような科学的方法に基づいて，歴史を認識する方法であると言える。歴史学の場合は，それぞれのプロセスを，①対象を観察する＝「史実認識」，②考察する＝「解釈」，③考察した結果を表現する＝「叙述」と呼ぶこととする。歴史学のこのプロセス自体は，「科学的」なプロセスと基本的には同じであり，それこそが歴史学の科学性を担保する理由の一つとなる。

　③の「叙述」は，学生のみなさんにとっては，レポートや卒論となる。卒論についてはすでに述べたので繰り返しを避け，ここでは①「史実認識」と②「解釈」について見ていこう。

史実認識と解釈

　①「史実認識」とは過去の出来事を認識することである。歴史学は，過去の事実を認識することがそのスタートとなる。その際，歴史学では，「史料」が基となる。その「史料」を扱う原則が「史料批判」である（第14章参照）。この史料批判こそが，歴史学が「科学」である一つの要因となっている。ここでは史料批判の方法について詳らかにはできないが，史料は批判的にとらえ続けなければならないということに注意をうながしたい。

　史料批判を行い，史料を読み解いていくことで，「史実」が認識できるという考え方を，実証主義という。

　②「解釈」は，認識した史実に意味を与え，他の史実と比較・関連させ，史実をより広い文脈のなかにおき，歴史像をつくることである（小田中『歴史学ってなんだ？』）。「歴史認識」と呼ぶこともできる。解釈は，史料だけでなく，先行研究などのより幅広い調査が必要であり，これ自体も科学的態度に基づいている。

　歴史像の事例として，かつて最も大きな影響力をもっていた，マルクス主義的な歴史観から生まれた歴史像について簡単にふれておきたい。マルクス主義的な歴史観をきわめて単純化すると，歴史は発展するものであり，また，生産手段をとりまく生産関係がその時々の社会を規定する，ということになる。そして，歴史の発展は生産関係の不平等から起こる階級間の闘争に

よって生じる，とされる。このような歴史観から生まれる歴史像は，原始共産制社会，古代奴隷制社会，中世封建制社会，近代資本主義社会へといたり，そして，共産（社会）主義社会をめざすという発展段階論であった。

　このような歴史像は，1970年代まで日本だけでなく世界の歴史学の大きな潮流であった。そのため，この歴史像を裏づけすると考えられる，さまざまな史実が見出され，理論化されることで，歴史研究は大きく進展した。他方で，この歴史像に適合的でない史実は見過ごされる傾向があり，また理論と実体との齟齬もしだいに見出されてきた。この状況に対し，1980年代には，社会史などというかたちで，歴史の見直しが迫られるようになった。マルクス主義的歴史観の衰退に決定的だったのは，1989年から1991年の旧社会主義圏の崩壊である。世界的な政治変動が，歴史像そのものに大きなダメージを与えることとなり，単純なかたちではこの発展段階論が信じられることはなくなったのである。現実の政治のあり方と歴史解釈の双方が密接に結びついている事例である。このように，歴史像そのものもつねに検討の対象でなければならない。

歴史学における「正しさ」

　史実認識から解釈を行うというのが，歴史学の思考ルーチンとされる。しかし実際には，史実認識と解釈の線引きは必ずしも明確ではない。上で述べたように，解釈の際に，歴史家が（無意識に）前提としている歴史像があるかもしれない。また，史実認識そのものも一定の解釈・歴史像をもとに，最初から都合のよい史実を選択しているということもありうる。

　このように，史実認識，解釈ともに，歴史を語る側の主観がつねに入り込まざるをえない。そのため，歴史は語る者の独りよがりにすぎない，真実はわからないという批判がなされることもある。

　このような批判に対して，たとえばイギリスの歴史家E.H.カーが応えている。カーは，歴史は「現在」を生きる人間の「過去」へのアプローチであり，繰り返し問いかけ，読み直すものである，とする。つまり，その時々の現在を生きる人間の特定の主観的関心からしか過去には接近できないため，

「歴史は選択である」と言っている。それだからこそ、どのような時期に、どのような人が書いた歴史像なのかを理解するために、カーは、歴史家について知ることを強調する（第5章参照）。

このように、書かれた歴史は、歴史を見る側の主観を必然的に含み込んだものである。

さらに一歩進めると、歴史を見る側だけでなく歴史学が基としている史料も誰かの言葉を通じて残されたものだから、そこにそもそも誰かの主観が入っている。だから、そもそも「正しい」ということはありえない、すべての歴史は物語なのだから何を言ってもいいんだ、という人もいるかもしれない。

しかし、歴史学は決して何を言ってもいいという学問ではない。まず、前提としてここで確認しなければならないのは、あらゆる学問は、唯一無二の絶対に正しい「真実」を求めるものではない、ということである。科学的方法とは、物事を検証していくプロセスそのものである。そのため、すべての学問は、「ある段階で100％正しい最終的な認識にいたる」、ということはありえないのである。その時々の暫定的な答えを出していくことが科学的な態度なのであり、それだからこそ次の展開がありうるのである。

歴史学においては、史実認識も解釈も唯一最終的なものは、それ自体ではありえない。そして、その時々の「正しさ」は、「他者」との合意のなかで形成される。このことを「コミュニケーショナルに正しい認識」と呼ぶ人もいる（小田中『歴史学ってなんだ？』）。そのため、この「正しさ」は、つねに「暫定的」なものである。それだからこそ、つねに「より正しい」史実認識や解釈を求め続けていくことになる。

この意味で、歴史を100％の「真実」であると考えたがる人には、このような態度は迂遠なように見えるだろう。しかし、「真実」と信じ込んだゴールではなく、「より正しい」ものを求め続けることこそが、学問・科学的であることの本質なのである。

新しい知をつくる

みなさんは、①「史実認識」→②「解釈」→③「叙述」というこのプロセ

スを何度も行ったり来たりしながら、繰り返していくこととなる。みなさんのいままでのイメージでは、歴史というと、「すでに確定した知識を覚える教科」だろう。しかしここで見てきたように、歴史学を通じて歴史を学ぶということは、たんに知識を蓄積するだけのものではない。大学で学ぶ歴史や歴史学は、「すでに確定した」ように見える知識を再度問い直し、新たな知の発見・確定に参加していくことを目的としているのである。

ここまで見てきたように、歴史学とは、科学的な方法を通じて、歴史的事象を理解することであり、その時々の妥当な解釈をしていくプロセスである。

そこで、歴史学による歴史の理解にとって重要なのは、第一に「主体的に問いを立てること」である。このことは、問題関心は、「いま・ここ」を生きるみなさんから発しなければならない、ということである。そのように問いかけられた新しい問題は、同じ対象を見たとしても、新しい独自な視角からのものなのである。

同時にここで第二の重要な課題が生じる。いままで誰かが同じようなことを言っていないか、もし言っているとしたらどのような文脈か、ということである。これは、研究には歴史がある、ということであり、「研究史」を考慮しなければならなくなる。研究史というものは、すでに決まりきったものがあるのではなく、自分自身の問題関心から研究史をつくっていくものである（第12章参照）。そのように得られた見解は、従来の研究史をすべてひっくり返すようなものではないかもしれない。しかし、研究史に新しい独自の観点を一つ付け加えることはできるだろう。

歴史学は、「いま・ここ」を生きるみなさん自身の観点から問題を提起して、自分より過去につくられた史料や研究史に向かって主体的に働きかけるという複眼的な作業を行う学問であり、固定的な知識を暗記するようなものではないのである。

より長期的に考える

歴史学は、人文社会科学に属する学問である。人文社会科学は、「役に立たない」とされ、国立大学法人の文系学部廃止が話題となったこともあった。

その際に、吉見俊哉が「役に立つ」とはどういうことかを議論している。吉見によれば、「役に立つ」とは二つの次元があり、一つは目的がすでに設定されていてそれを実現するための方法を見つける「目的遂行型」、二つめは、価値や目的自体を作り出す「価値創造型」である。そして、前者は理系が得意なものであるが、目的や価値軸そのものが変化したときに役に立たなくなる可能性がある。後者は、「価値の軸を多元的に捉える視座」をもった知であり、主に文系であるとしている（吉見『「文系学部廃止」の衝撃』第二章）。

　人文社会科学は「価値の軸」を作り出すことに寄与するという性格をもっている。そのためには、「価値の軸」を現在ある姿にとらわれるだけの学問では、別の「価値」を生み出すことはできない。歴史学が作り出す「価値」「創造性」はこの点に深くかかわっている。

　歴史学は、「現在」の自分を通じて、「過去」の事柄を認識する学問である。そして、「過去」「現在」と区分して、「未来」を認識する。この「未来」は、「過去」「現在」に関連づけられているが、同時に、固定的なものではなく、変化するものである。歴史学は、このような時間認識のうえに立ち、「過去」「現在」「未来」を区分して、それぞれ異なったものとして認識する。また、対象とする地域も世界中に広がっている。

　このような時間・空間の認識から、歴史学は、それぞれの時期・地域の「価値」の多様性を明らかにする。とくに、現在の価値と過去のそれとを比較し、その変化を跡づけることができる。そして、それが結果として、現在と異なる新しい価値の創造へとつながっていくこととなるのである。この意味で、歴史学は、人文社会科学のなかでも、過去や未来へのリーチの長さから最も広いスパンをもった学問と言えるのではないだろうか。

参考文献
小田中直樹『歴史学ってなんだ？』PHP新書、2004年
カー、E.H.（清水幾太郎訳）『歴史とは何か』岩波新書、1962年
ヘーゲル、G.W.F.（長谷川宏訳）『歴史哲学講義』上・下、岩波文庫、1994年
吉見俊哉『「文系学部廃止」の衝撃』集英社新書、2016年

（割田聖史）

コラム3　博物館で歴史に出会う

　博物館は歴史や歴史学を学ぶうえでとても重要な施設である。みなさんのほとんどは博物館や美術館 (以下，総称して「ミュージアム」と呼ぶ) に行ったことはあるだろう。ミュージアムには，発掘によって見つかった石器や土器，歴史上の偉人の遺物，絵画などの美術品から，農具や昔の玩具まで，さまざまなモノが並んでいる。歴史や歴史学を学ぶ際に，重要なのは書かれた史料であるが，実際のモノに触れてみることもとても大事である。

　ミュージアムには，考古学・歴史学などの専門をもった学芸員がおり，展示を企画・運営し，専門家集団の知識と来館者の関心をつないでいる。歴史を公共につなぐという点において，ミュージアムは，学問と社会の対話をめざす「パブリック・ヒストリー」の重要な実践の場なのである。

　このように考えると，モノはただ並べられているわけではなく，見学をする私たちは，その意味と読みとっていく必要がある。

　ミュージアムには，個人から市町村・都道府県・国立までさまざまな設置主体がある。また，大学が展示施設をもっている場合も多い。そして，それぞれの設置の目的があり，その目的にしたがって，展示 (とくに常設展示) の内容が構成されている。国立ならば国，県立ならば県，市町村立ならば市町村の歴史を展示するのがミュージアムの目的となる。そのため，その地域で発掘されたり，作成されたりした資料は，それぞれの歴史のなかの一部分として組み込まれ，その国や地域の「文脈」のなかにおかれることとなる。

　目を引くような特別展示が開催されるのが多いのは国立のミュージアムであるが，このコラムでは，小さな博物館を取り上げてみたい。筆者の勤務先の近くにある白根記念渋谷区郷土博物館・文学館 (以下，渋谷区郷土博物館) である。

ミュージアムの「文脈」

　渋谷区郷土博物館を見学すると，原宿で発見されたナウマンゾウの化石から始まり，中世の渋谷の起こり，江戸時代の渋谷近辺，明治以降の渋谷の近代化，そして戦後から現在にいたる渋谷の大都市化というような展示が並ん

でいる。

渋谷区郷土博物館は、渋谷区の施設であり、そのテーマは「渋谷らしさ」を示すことである。そのために、渋谷の成立から成長・発展の過程を時系列で並べることで、現在の渋谷の「来し方」を展示している。

図1　白根記念渋谷区郷土博物館・文学館

また、自由に使える図書スペースもあり、渋谷区に関する文献の多くは、ここで読むことができる。このほかにも、所蔵しているさまざまな史料があり、特別展や企画展の際に、私たちの目にふれることとなる。渋谷について調べる場合、この渋谷区郷土博物館を訪れることが必須だと言えるだろう。

このように、渋谷について展示し、渋谷について理解を深めさせることが、渋谷区郷土博物館の「文脈」である。

「違う文脈」で見てみる

では、渋谷区郷土博物館は、渋谷について調べる・研究する以外には役に立たないのだろうか。これは、もう少し広く言うならば、外国の歴史を研究する人にとって、日本のことについて展示してあるミュージアムは役に立たないのだろうか、という問いにもつながる。

先の渋谷区郷土博物館の「文脈」どおりに見るだけなら、この問いの答えは、「役に立たない」ことになる。しかし、大学で学んでもらいたいのは、歴史を見る見方というのは一つだけではないということであり、そして、史実をつなげる「文脈」もさまざまでありうる、ということである。

当然のことながら、渋谷区郷土博物館には、先にあげたナウマンゾウだけでなく、さまざまなものが展示してある。庚申塔、絵地図、代々木公園、駅、ハチ公、空襲、学童疎開、ファッション、音楽、建築物、オリンピック……（わからない事項があったら調べてほしい）。これらは、渋谷区郷土博物館の展示では、渋谷区の歴史のなかで扱われている。

しかし，いまあげた事例は，決して渋谷の歴史というただ一つの「文脈」のなかにだけあるのではない。それぞれを「違う文脈」で読み解くことができるはずである。たとえば，ナウマンゾウは原宿だけにいたわけではないのだから，少し調べればすぐに渋谷の「文脈」とは「違う文脈」

図2　ナウマンゾウの展示

につながるだろう。また，代々木公園やハチ公といった渋谷固有のものに見えるものも，少し考えれば「違う文脈」が見えてくるはずである（これは，渋谷区郷土博物館に行って実際に見て考えてほしい）。

　「違う文脈」から見るには，歴史的想像力と問題意識が必要だと言える。いきなり，このように言われると，小難しそうに聞こえるが，みなさんの近くにあるミュージアムに行ってみて，実際にものを見たり触れたりして，そこから少しだけ自分の頭で考えることで，「違う文脈」を見つけ出すことができるはずである。ミュージアムは，歴史的想像力と問題意識を鍛えるのに格好の場所だ。ぜひ近くのミュージアムに足を運んでみてほしい。

白根記念渋谷区郷土博物館・文学館URL　https://shibuya-muse.jp/（2024.12.20閲覧）

（割田聖史）

コラム4　歴史研究者はデジタル時代に大量の情報とどのように向きあうか

　デジタルアーカイヴ（以下，DAと呼ぶ）という言葉があることを知っているだろうか。平たく言えば，新聞や議事録，官僚文書や日記，写真等の画像や何らかの記録映像，歴史的遺物の3Dデータや伝統芸能における所作など，人類のあらゆる活動の痕跡を後世に伝えることを目的に，デジタル記録媒体の力を借りて保存・継承・活用する情報群のことである。

　20世紀末以降，世界各国で歴史学のためのDAがつくられ始めた。国立公文書館や国立図書館，博物館や美術館といった文化機関に始まり，大学や研究所といった研究機関，最近では個人の研究者もインターネットを通じてウェブの世界にDAを発信している。『歴史学の学び方』初版に掲載された「インターネットの使い方」にも記されているように，インターネット上の情報は誰が書いたかわかりにくい問題や，アクセス日時によって情報が変わりうる問題はあるものの，史料作成者の意図を直接われわれに伝えてくれる類のDAは，史料としての信頼性が高い。研究分野にもよるが，このように信頼のおけるDAは多く公開されており，特にCOVID-19のように移動が大幅に制限される研究環境下では，世界中の歴史研究者の活動を支えてくれる。

　しかし，同時に，われわれは贅沢な悩みにも直面することになった。ウェブ検索をするだけでも，自分の研究に関する情報があまりに多くヒットしてしまうのである。それが，すべて読める量ならば読めばよい。もとより，デジタル化されていない情報のほうが世の中には多いのだから，ウェブ検索でヒットした情報を確認するだけで歴史研究は終わらない。問題は，検索結果が多すぎた場合にどのように対処したらよいかということである。

　じつは，このような悩みを抱えているのは，歴史研究者だけではない。これは，高度に情報化された社会に生きるあらゆる現代人に共通の悩みである。秒単位で目まぐるしく大量の情報が蓄積されては各所に飛び交う証券取引市場，衛星観測所，ヒトの生体情報センサ，SNSやオンライン購買サイトにおけるユーザの行動履歴など，デジタル社会に生きるわれわれは膨大な

図1　2024年11月25日時点での直近2か月間のGoogle社の株価値動き

情報に日々さらされている。しかも，そのなかから意味ある情報を取り出して，新製品を開発したり，利益を上げたり，サービスを改善したりと，次のアクションに活かす必要がある。ここで参考になるのが，統計学の知識に支えられたデータサイエンスの手法，とくに探索的データ分析である。すなわち，「最終的なデータ分析の結果を出す前に，データの特徴をおおまかに把握し，そこから導くことのできそうな仮説や分析モデルを検討する」という考え方のことである。

　ここで大事なのは，図表などの視覚的伝達媒体を通じて情報をやりとりする能力（グラフィカシー）である。言葉は，物語や論理など，順序立てられた情報を伝達するのに適したコミュニケーション・ツールである。しかし，たとえばある日のGoogle社の株価の値動きの傾向を一目で把握したいようなとき，少なくともその値動きを記録する手段としては，言葉は適さない。むしろ，図1のようなローソク足チャートや折れ線グラフなど，時系列に基づく推移を表すのに適したグラフを採用するのが望ましい。

さて，歴史学に関しても大量のデータを用意できるような分野が増えてきた。なかでも有名なものに，イングランド法制史に関する*The Old Bailey Proceedings*（以下，OBP）というデータベースがある。これは，1674年から1913年にロンドンの中央刑事裁判所で行われた19万7745件の裁判判決文を対象に，すべて検索可能な形式のデータとして編集された，合計で1億2700万語以上からなるテキストデータベースである。OBPは，証人の証言と裁判の活動を詳細に記述することを通して，犯罪と刑事司法に関する証拠を提供し，またロンドンの日常生活についても豊富な情報を伝えてくれる有用なデータベースである。

　OBPを活用してビッグデータ分析を行った歴史研究のなかで，ティム・ヒッチコックとウィリアム・ターケルという研究者が行ったイングランド法制史の有名な研究がある。彼ら以前の研究では，イングランドにおける裁判実務は，1775〜1800年の間に主要な転換点を迎えたと考えられていたが，ヒッチコックらのデータ分析が明らかにしたのは，むしろ1800〜1860年の間にこそ，司法取引の増加という顕著な裁判実務上の変化が見られたことであった。つまり，1億語以上から構成される20万件近くのデータセットを駆使したデータ分析によって，それまでの研究で前提とされていた時代区分を刷新したのである。

　では，どうやってその大量のデータのなかから，意味ある知見を取り出したのだろうか。図2は，OBPに採録された19万7745件の裁判判決文がそれぞれ何語で構成されているのかを数え上げて，一つのドットとして表現した散布図（横軸が年代，縦軸が語数である。語数の差が大きすぎるので対数軸が採用されている）である。よく見ると，濃い色のドットと薄い色のドットがあることがわかるが，この濃い色のドットは殺害関連の裁判であったことを表している。濃い色のドットが全体としてどのように配置されているか，その傾向を視覚的に確認してみると，1800年頃までは主に散布図の上方に配置されているが，1800年を越えたあたりから，散布図の上方だけでなく下方にも濃い色のドットが配置されるようになったことがわかる。言い換えると，1800年頃までは，ほかの種類の犯罪よりも殺害関連の判決文に多くの言葉

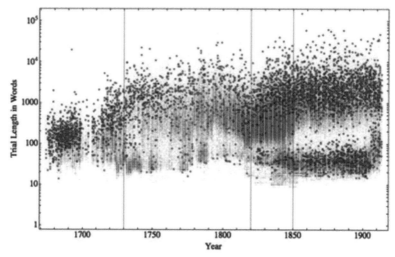

図2　OBPに採録された19万7745件の裁判判決文の語数分布
（濃い色は殺害関連の裁判）

が費やされていたのに、それ以降はごく少ない言葉のやりとり（なかには10語程度のものすらある）で殺害の判決が言い渡されることになったのである。ヒッチコックらは、散布図におけるこの濃い色のドットの配置に乖離が見られることに注目し、この背景にある歴史的要因を探るために、19世紀前半における殺害関連の裁判史料を集中的に精読した。その結果、司法取引の増加によって有罪の評決が事前に決まっていることが増えたことを明らかにしたのである。

　ここで注目したいのは、20万件近くのデータセットのうち集中的に精読すべきはどの箇所なのかを特定するために、1億語以上のテキストデータから取れる情報をたった1枚のグラフで表現できている点である。もちろん、司法取引が増加したという歴史事実は、このグラフからはわからない。しかし、殺害関連の判決文の語数に乖離が見られることはわかる。図1と図2に共通するのは、1件のデータの詳細ではなく、時系列に基づく「情報の推移」それ自体を、全体として表している点である。まさに、「最終的なデータ分析の結果を出す前に、データの特徴をおおまかに把握し、そこから導くこと

のできそうな仮説や分析モデルを検討する」探索的データ分析の例として考えられるだろう。

　すべてをじっくり読むことは現実的にほぼ不可能なほどの，あまりに多すぎるビッグデータに歴史研究者はどう向きあうべきか。その糸口になるのは，ここで述べたような，統計学の知見に支えられた，視覚的に情報をやりとりする能力である。しかし，じつはその先にこそ，歴史研究者の腕の見せどころがある。何かの回数を数えたり，座標空間上におけるデータ間の距離を計算したり，とかくデータ分析にはさまざまなアプローチ方法があるが，いったいそれらの計算結果が「歴史の何を表しているのか」を説明できなければならない。たとえば，図2で散布図におけるドットの配置に乖離があるという観察結果と，19世紀前半に司法取引が増加したという歴史事実を結びつけるには，いくつもの論証ステップが存在する。その橋渡しをするのが，ビッグデータ時代の歴史研究の醍醐味だと，私は思う。このコラムを読んで，その難題にチャレンジする人が1人でも出てくることを願っている。

参考文献

Robertson, Stephen and Mullen, Lincoln, 'Arguing with Digital History: Patterns of Historical Interpretation', *Journal of Social History*, Vol. 54, No. 4, 2021, pp. 1005-1022

Romein, C. Annemieke et al., 'State of the Field: Digital History', *History*, Vol. 105, Issue 365, 2020, pp. 291-312

石田友梨ほか編『人文学のためのテキストデータ構築入門』文学通信，2022年

梅崎透「アメリカ史研究のデジタイズ」有賀夏紀ほか編『アメリカ史研究入門』山川出版社，2009年，352-366頁

カイロ，アルベルト（薮井真澄訳）『グラフのウソを見破る技術』ダイヤモンド社，2020年

加藤諭・宮本隆史編『デジタル時代のアーカイブ系譜学』みすず書房，2022年

金明哲ほか編『文化情報学事典』勉誠出版，2019年

小風尚樹ほか編『欧米圏デジタル・ヒューマニティーズの基礎知識』文学通信，2021年

後藤真・橋本雄太編『歴史情報学の教科書』文学通信，2019年

東京大学教養学部統計学教室編『統計学入門』東京大学出版会，1991年

（小風尚樹）

第Ⅱ部
歴史学がわかる
学び方のツボ

第5章
歴史学の方法を考える文献を読んでみよう

1. E.H.カー著『歴史とは何か』は，入門書として使えるのだろうか？

　以下は，教員たちが来年度の授業について考えなければならなくなってきた11月のある日のこと。ある歴史研究室の共同利用室での，日本近現代史の教員Aと，西洋近現代史の教員B，そして日本史を学ぶ学生のCさんの会話である。

B：A先生，来年度の2年生向けの史学文献講読の授業で，何を使おうか考えているんです。何かおすすめはありますか。歴史学の方法について理解できるものがいいんですけど。

A：そうですね。その意味で言うと，小田中直樹の『歴史学ってなんだ？』が使いやすいのではないですかね。

B：そうですね。私もそれは使おうと思います。その後，古典的なものを読もうと思うのですが，そのテキストをどれにしようかと。

A：まあ，古典的と言えば，カーの『歴史とは何か』がまっ先に思い浮かびますね。でも昨年度使ってみましたが，いま一つ学生の反応が鈍かったですね。

B：難しいのでしょうか。

A：いや，難しいは難しいけど，それとは別の原因があるのではないかと思いました。

B：私も学生の頃，「教員がすすめる何冊」のなかに入っていたので読みま

した。役に立ちましたが，確かになんとなく違和感が残りましたね。

2. 歴史の見方が変わるなんてことがあってもよいのか？

A：そう言えばCさんは，昨年の授業に出ていたよね。
C：ええ。私たちのグループはⅠ章の報告をしました。
B：どんな感想だった？
C：現在の眼を通さなければ過去を眺めることができない，というのは確かにそうだと思いました。私が歴史学を学ぼうと思ったのは，日本の戦国時代が好きだったからです。私，歴史好きなんです。よく言われている武将のキャラクターは，事実だと思っていましたが，この本を読んで，もしかして現在の青年の姿をあてはめたりしているんじゃないかって考えたんです。そうやって無意識に現在の眼で，過去を見ているのだなとハッとしたわけです。

　……「歴史とは，現在と過去のつきることのない対話」，でしたっけ。このフレーズは印象に残っています。でも……あの本は歴史を考えるためにいいことも書いてありましたが，A先生の前で言うのはなんですけど，全体としていま一つ受けつけられなかったですね。
A：あなたはよくまとめて報告していたけど，どうしてだろうね。
C：私が気になったのは，一つには，何か状況が変わると歴史の解釈が変わるという……。現在の眼で過去を見ているとしても，歴史の解釈がそんなに揺らいでいいのかな，というところだったと思います。歴史上の事実は記録者を通して屈折するなんて書いてあった気がします。これには驚きました。そして戸惑いました。どうしてかと言うと，私たちはこれまで，教科書や用語集の説明を正しいものだと考えて，暗記してきたわけですから。
B：私が昔読んだときも，同じように感じたかもしれませんね。
A：もちろん，歴史を恣意的に解釈することはできません。歴史学に基づく見解は，ちゃんと事実に立脚していて，かつ論理的にも整合性があるとい

うことを必要としますから。それでもカーが言っているのは，歴史家は，その人がおかれたさまざまな条件に規定されているということですね。戦争が行われている時代，平和な時代，その違いによって歴史の見方が異なるのかもしれない。これは歴史を見る人のポジションという問題です。この『歴史とは何か』は，歴史を学ぶ人の概論として，必ずと言ってよいほどすすめられるけど，ハウツー本ではなく，これ自体が歴史の産物というか，激動の時代のなかで書かれたものだよね。B先生は国際関係がご専門だからもちろん詳しいと思うけど。

B：カーは，第一次世界大戦から第二次世界大戦にかけてイギリスの外交にかかわっていた人ですからね。また，ソ連という国ができあがっていく過程で，同時代的にソ連史の研究に取り組んで成果をあげています。詳しくは渓内謙『現代史を学ぶ』に書かれています。あ，これも私はよい本と思うのでテキストの候補に加えます。

A：そう。私もそれはよい本だと思っています。……カーの話に戻しますが，自分をとりまく歴史の動きが，彼自身の歴史分析の新しい視角を養っていったのだろうね。それにしても，ものすごい激動の時代ですね。

C：じゃあ，そんな時代に生きていると，状況の変化でカー自身の歴史の見方も変わっていったのでしょうか。

A：そう。彼はロシア革命の研究を行い，いくつかの本を書いている。第二次世界大戦後のアジア・アフリカでの民族運動の動きは，それまで見えなかったロシア革命とその後のソ連の外交の性格を再検討させたと言います。これは有泉貞夫という日本近代史研究者が，60年前に書いています。『歴史とは何か』が出版されて数年後です。

3. 歴史を書く人，考える人をとりまくもの

B：カーは，歴史を理解するには，まず歴史家を理解せよと言っていました。いまの議論と関係するのですけれど，それを書いた人をとりまく歴史的状況をつかむことが大切だということですね。

C：うーん。歴史を書く人をとりまく歴史的状況ということと関連するかもしれないですが，なんと言うか，カーはその人が生きている社会を基盤として過去を見るべきだと言っていたかと記憶しています。私がしっくりこないのは，そこにもあったんじゃないかと思うんです。

A：それはどういうことだろう。カーは，歴史は一つの社会過程であり，個人は社会的存在として，この過程に入ってくると言ってます。非常にわかりやすいと思いますが，Cさんは何がしっくりこないんでしょうか。

C：うーん。うまく言えないんですけど，カーは社会っていうものが安定していくというか，しっかりとつくられていくことを前提にしているように思うんです。あれ，違いましたか。第一次世界大戦から第二次世界大戦の頃だと逆に不安定な時期でしょうか。あるいは社会は破壊されてしまうのかしら。

A：確かに戦争の影響は大きいですが，世界史的に言うと，19世紀の自由放任の時代から，20世紀に入り国家が社会に介入する時期になっていきます。日本もそうです。カーもこの本で，現代の歴史的転換のあり方として自由放任から計画へということを指摘しているわけです。

B：欧米ではニューディール，ケインズ主義的福祉国家，あるいはナチズムやファシズム，そもそも社会主義もですが，経済の計画化が進む時代と言えます。

A：世界大戦によって人びとに不幸が降りかかることもあるが，この時代は国家がその社会を安定させようとする時代と言っていいかもしれないね。資本主義国で社会保障制度の拡充がはかられ，労働者への保護が進むのはこの時期でしょう。『歴史とは何か』の発表は1961年，つまりこうした状況が世界でさらに広がっていく時代だね。

C：そうすると，日本は高度経済成長ですよね。昭和時代の。

B：公害なんかもひどくなるけど。確かにアメリカのジョンソン大統領が「偉大な社会」をスローガンにしたのはこの時期です。

A：「大きな物語」の通用する時代，あるいは未来が明るく感じられる時代ですかね。それが崩壊して，何か社会自体が縮小しているのが，現在とい

うわけか。
C：そう言っても仕方ないですが，私たちにとってはどうも未来っていうのが，よくイメージできないのが本当のところなんです。確か，カーは最後のところで，それでも歴史は進む，というようなことを言っていましたね。
B：「それでも，それは動く」でしたっけ。
C：それが私には，実感できないのですね。一緒に報告したグループの人たちも，みんなそんな感想だったと記憶しています。

4．人物を取り上げて歴史を見る

A：歴史家も，ある歴史段階での社会のなかにあるという話に関連するけど，歴史上の人物の取り上げ方についても書いてあったね。カーに言わせると，歴史家その人にしても，彼が研究する歴史上の人物にしても，個人というものも社会のなかにあるものと考えています。でも20世紀初頭でさえ，歴史の流れを左右するのは人物の性格だという考えがあったとも言っています。だからこうした歴史観に対抗して，カーは，二つの大戦をヴィルヘルムⅡ世やヒトラーの個人的悪意の結果とするのではなく，国際関係それ自体の検討が必要だと強調している。
B：そういう見方ができるのはやはり，社会の安定期だからですか。だけど，1970年代になってイギリスのサッチャー首相が言ったように，「社会などというものはない。そこには個々の男性，女性，それに家族がある。政府など何もすることはできない」ということになり，それまでの社会が機能しなくなると，歴史の扱い方も変わるかもしれませんね。再び人物というのが，そのまま出てくるというか，歴史研究の対象として，社会よりも人物そのものへの関心が強くなるのでしょうか。
C：私は，武将がかっこいいと思って，戦国時代の歴史に興味をもちました。それで，いま日本中世と近世のあたりを主に勉強しています。でもゼミの先生が土地制度を研究していて，講義でも取り上げていらっしゃるので，最近は人物史だけでなく，そちらもおもしろくなってきました。

A：まあ，人物から歴史に入るのは，よくあることですね。誰も歴史への興味のもち方は同じで，僕も最初は『三国志』です。と言うよりそれをもとにした文学作品です。そこで描かれる曹操（そうそう）のような強烈なキャラクターから入りました。もちろん，歴史上の人物の性格というのは，本当はわからず，フィクションでしょうけど。

B：へえー。先生は日本近現代が専門なのに，山本五十六（いそろく）とかじゃないんですね。先生は，けっこう軍事マニアだって聞いていますよ。

A：もちろん，そっちも好きですけどね。でもとにかく，人物への関心のもち方が，そのまま社会の状況と関係あるかどうかわかりませんが，なかなか興味深いですね。

5. 歴史を見る際に何を基準とするか？

C：これまでのお話で，何か頭のなかでもやもやとしていたものが，少しすっきりしてきました。ちょっとお聞きしたいのですが，歴史学の研究と価値判断ということを，確かカーも述べていましたが，歴史と価値判断というのは，どんな関係なんでしょうか。何かすごく難しかったと記憶しています。

A：カーにそくして言うと，「ロビンソンの死」という話が出てきました。ロビンソンが，たばこを買いに外に出たとき，酔っ払ったジョーンズが運転する，ブレーキのいかれた車が走ってきて，見通しの悪いカーブで事故を起こし，ロビンソンが亡くなるというものです。この事故の因果（いんが）関係を考える際に，ロビンソンの喫煙への欲求こそ，彼が事故に遭った最も大きな原因と考える人がいるかもしれません。しかし通常は，飲酒運転，自動車の整備不良，道路の視界などが原因だと考えます。それは交通事故をなくすべし，という価値判断が入るからです。これは一つの例ですが，確かに歴史を考える際に価値，目的というのが入り込んでくる。それによって因果関係を整理しているのです。

C：それでは価値判断のようなものは，どういうふうに歴史研究に影響を与

えるのでしょうか？
A：日本近現代史でも大正デモクラシー研究というのは，戦後の民主主義というものが占領軍のお仕着せではなく，自由民権運動や第一次世界大戦前後のデモクラシーの風潮を源流にもっているという問題関心をもとに，取り組まれたと言われます。
C：でも日本の前近代史じゃ，そんな民主主義とかという価値とは関係ないんじゃないですか？
A：うーん。いや，僕なんかは学生の頃，勝俣鎮夫『一揆』を読んだとき，何か実現したいことを達成するために，人びとがつながるということを歴史的に追っていて，すごく自分にも関係するな，と思った記憶がありますね。みんなが集まってルールづくりをするわけだし。研究史を丹念に追ってみれば，研究者が，どうしてその時代に，そのテーマに取り組んだのかが，見えてくるのではないでしょうか。
C：そうですか。私はとくにいまの社会がどうの，と思って歴史学を勉強しているわけではないんですけど。もちろん，関心のあることはあって，ボランティア活動などもしていますが，それと歴史学がつながっているとはあまり思えません。
A：時代性というものもありますからね。昔は現実と歴史学がつながっているように見える状況があったけど，いまはそうではないかもしれません。でも，何かわからないけど，作用しているものがあるかもしれない……。
B：私も，専門的に歴史を研究する際の根底にある疑問は，どうして戦争が繰り返し起こるのだろうというものでした。戦争はなくしたい。でも戦争の原因には単純に，善い，悪いでは割り切れないものがあります。ヒトラーが戦争を起こしたことは悪いに決まっています。では第一次世界大戦後の国際社会のドイツに対する態度が，善だったかと言うと難しい。それに国際関係を動かす規範は，国内社会の規範と異なることがあります。これらを突き詰めると「正義論」になりますね。15年以上前ですが，マイケル・サンデルの公共哲学がブームになり，「白熱教室」が話題になりました。いまの学生はこうした価値の選択をどう考えたらよいかということ

に，強い関心があるのではないでしょうか。
C：ええ。それは社会学専攻の友人でよく読んでいる人がいますので，私も少し読みました。トロッコの話が最初に出てきますよね。ブレーキの効かないトロッコが猛スピードで走ってくるんですが，その先に5人の作業員たちが仕事をしていて，もしポイントを切り替えるとそちらには1人の作業員が作業をしている。そのポイントの前にあなたがいたらどうする，というとても怖い話でした。
A：どうもこれからの社会は，さっきの縮小する社会というのと関連するけれど，どんな場面でも公共哲学的な問いかけが必要になるかもしれないな。国や自治体の財政が逼迫しているので，税金で大学を運営する必要があるのだろうか。私立大学があるじゃないかと。だから大学を運営する費用を社会保障に充てるのが，最大多数の最大幸福だ，なんて。
B：それは極端だと思いますが，役に立たない文系の学部はいらないなんて，実際に言っている人もいますよ。

6．歴史学は役に立つのか？

C：技術系の学部にいる友だちには，歴史学なんて社会に出て役に立つの，なんて言われることがあります。
B：どう答えているの？
C：まあいままでは，過去を知ることが現在を理解すること，未来を展望することにつながるなんて一般的なことを言ってきました。いまのお話を聞いていて思ったのは，価値判断をもちながらも，それに左右されて歴史の正確な理解ができなくなるのを避けながら，なるべく多くの人に説得的に伝えるというのが，歴史の研究で必要だなということです。だから根拠をしっかりとあげて，主観的にならないように説明する方法が重要だと思いました。
A：実際に，卒業論文では本文2万字程度で，あるテーマについて説得的に論じなければなりません。その際，過去の研究を整理して，課題を立て

て，史料を用いながら論じるという意味で，Cさんが言うように歴史学は，自分の主張をほかの人に説得的に理解してもらう有効な手段です。
B：いろいろ役に立つと思いますよ。とくに，ゼミの発表や卒業論文を書くときは，1人で勉強しているだけではなく，人の話を聞いたり，自分の言いたいことを相手にわかるように伝えなければならないですからね。コミュニケーションが大事なんです。
　……あ，そろそろ次の授業の準備をしなくては。ではA先生，テキストのことありがとうございました。お時間をとらせてしまってすみません。
A：いえ。僕自身も頭のなかが整理できました。Cさん，予習の邪魔をしてしまいましたね。
C：いいえ。私も，ずーっと古文書学の予習をやっていて，少し頭が疲れました。カフェでコーヒーを飲んでバイトに行きます。あ，それから，先生にいろいろお話をうかがったので『歴史とは何か』を，もう一度読み直してみます。それでもやはり違和感をもつかもしれないですけど。　（おわり）

7．若干の解説と議論のすすめ

　これは筆者が，歴史学方法論という授業で，E.H. カー『歴史とは何か』を取り上げた際の反省に基づいて書いたものである。この著作は，歴史学の方法を学ぶという点で必ず推奨される。本書が出版・翻訳されて半世紀がたつが，おそらく最もしばしば言及される歴史学の入門書であろう。
　カーのこの作品がよく読まれたのは，歴史学の方法を考えるためによい本だということだけではなく，歴史学を勉強すると，何か明るい未来が開かれるような気にさせてくれたこともあるのではないだろうか。それは，カーが強調している，歴史を探究する理性への確信であり，また社会の動きとしては自由放任から計画へ，無意識から自己意識へという歴史の「進歩」への確信のようなものだった気がする。
　だが，カーの作品の全体を貫くこのような一種の楽観主義は，もしかして現在の学生が共有できないものなのではないか。だから歴史の方法として一

定の理解が得られても，学生にとってはそれ以上のものではないのかもしれない。そのため，本書をそのまま歴史学の方法を考える授業で講読しても，反応がいま一つと感じたのではないだろうか。

　もちろん，これはカーの本のせいではなく，筆者が，歴史の書き手あるいは読み手をとりまく歴史的条件を考えながら本書を理解することを，怠ったことによるのかもしれない。

　その意味で，本章は学生のみなさんには古典的作品にふれるガイドとして，教員（とくにある程度の年長の）には，本書をテキストとする場合の，一つのアプローチの方法として理解していただきたい。

　近年，カーの伝記も出版され，彼自身が歴史研究の対象になってきた。カーに対する最近の論評は，これまで権威的位置を占めていたこの歴史家を相対化しようという意図もあるようだ。しかし論評をする人びとの立場も絶対ではなく，歴史上の何らかのポジションからの発言である。もちろんこれを書いている筆者自身も，同じである。そんなことを考えながら『歴史とは何か』を読んでみると，何かしら新しい発見がありそうだ。

　さて，『歴史とは何か』を読んでからでも，読む前でもよいのだが，次のようなことを議論してみてはどうだろうか。
①歴史学を学ぶ意義は何だろうか？　みなさんはどうして学ぼうと思ったのか？
②歴史学は役に立つのだろうか？　どのように役立つのだろうか？
③受験のため勉強した歴史は，みんなにとってどんな意味があると考えるか？
④時代によって，あるいは歴史を研究する人によって，歴史の見方が変わるということについて，みなさんはどう思うか？
⑤歴史上の人物は，歴史の展開にいかなる役割を果たしたかと考えるか？　もしその人がいなかったらどうなっただろう？　例をあげて考えてみよう。
⑥手持ちの教科書（高校時代に使ったものなど）から歴史的事件を取り上げて，

その発生の要因やそれが後の時代にもたらした影響がどのように書かれているかを考えてみよう。

参考文献
有泉貞夫「E.H.カーにおける歴史認識の展開」『歴史学研究』296号，1965年1月
小田中直樹『歴史学って何だ？』PHP新書，2004年
カー，E.H.（清水幾太郎訳）『歴史とは何か』岩波書店，1961年
カー，E.H.（近藤和彦訳）『歴史とは何か　新版』岩波書店，2022年
勝俣鎮夫『一揆』岩波書店，1982年
サンデル，マイケル（鬼澤忍訳）『これからの「正義」の話をしよう』早川書房，2010年
渓内謙『現代史を学ぶ』岩波書店，1995年
水谷三公「歴史のようなもの」『日本歴史』728号，2009年1月

（源川真希）

第6章

概説書を読んでみよう
——本格的な歴史の勉強の入口に立つ

1. 概説書との「出会い？」

　大学で歴史に関する講義——とくに「概説」とか「概論」という名前の講義——を受けていて，担当教員から，「「概説書」のリストを配布しますから，講義内容を補うためにも，関心のある本を積極的に読んでみてください」などと言われたことはないだろうか。4年生になって，卒業論文の相談を，ゼミの担当教員と進めているときに，「君は，そんなことも知らないのかい。もう一度，概説書を読んで常識を身につけなさい」などと言われることもある（これは，恥ずかしながら，私の実体験だが……）。どうやら，「概説書」というのは，大学での歴史学の学びのなかで，重要な対象となるらしい。この章では，歴史の概説書とはどのようなものであり，あわせてどのようなものを実際に読んでいけばよいのかをお話ししていこう。

2. 概説書って何だろう

「教科書」とは違うの？

　そもそも「概説」というのは，辞書の説明によれば，「全体にわたって，その大体を説明すること」（『広辞苑』）ということなので，歴史の概説というのは，たとえばもし『日本史概説』という本があったとすれば，原始時代から今日にいたるまでの日本の歴史のエッセンスを述べた書物ということにな

る。もしくは，いちいち「概説」と銘打っていないまでも，日本の歴史のおおよそを語っている書物であれば（後でも述べるが，すべての時代を対象としている必要は必ずしもない），「概説書」なのである。

　そうであれば，この本を読んでいる君も，じつはいままでに立派な「概説書」を読んできたことになる。それは，中学校や高等学校時代の歴史の教科書である。とくに高校時代の「日本史探究」や「世界史探究」の教科書は，原始時代から説き起こされ，現代にいたるまでの政治・経済・社会・文化のさまざまな場面を要領よくまとめた立派な「概説書」と評価できる書物なのである。

　しかし，君たちに「概説書を読んでごらん」と言っている大学の先生は，決して高校の教科書を読み直せ，と言っているわけではないことには注意してほしい。なぜなら，高校までの教科書は，まず，学習指導要領に準拠していなければならず，また文部科学省の検定に合格しなければならない。教科書として出版されるまでにはさまざまな制約があるのだ。何よりも，教科書は，中学校や高校での授業における主要な教材であり，学校での歴史教育を円滑に進めていくための書物である。したがって，「教科書＝概説書」とは一般にはみなされてはいない。

　私の担当する講義のなかに，「外国史概論Ａ」というアジアの前近代史を概観する科目がある。私の勤務校では，「外国史概論Ａ」は１年生対象に開講されており，その１年生のなかの熱心（？）な受講生は，高校時代の教科書と思しき書物を脇において講義を聞いてくれている。そういう学生さんの場合，高校の教科書にも出てくるようなテーマで授業を進めていると，教科書をチラチラ見ながらどことなく満足気なのだが，まったく高校の教科書には出てこないような内容を話していると不満そうな顔をしていることがままある。大学での歴史の勉強は，高校までの教科書の内容をより深くしたものに違いないという思いが強いのだろうか。こちらとしては，高校までの歴史の勉強とは違った視点から講義をしているつもりなので，確かに１人の教師としては学生さんが満足そうにしてくれるのは悪い気持ちはしないものの，どこか釈然としないものが残る。

ただ一方で，演習など少人数の授業で学生とやりとりをしていて，思わず「だって，高校の教科書に載っていたでしょう？」などと詰問してしまうことがないわけではない。高校の教科書に書かれていることくらいは知識としてもっていてほしいと思いつつ，いつまでも教科書にこだわっていてほしくはないというのは，大学の教師とはいささか矛盾した存在だなとは思う。それでもやはり言っておきたいことは，確かに高校までの教科書はある意味でコンパクトにまとめられた「概説書」と言ってよいし，さまざまな制約のなかで，執筆者が独自性を出そうと工夫を重ねてつくられていて，改訂されるたびに個々の叙述の質は高まっていると言える。しかし，文部科学省の検定に合格しないと，教科書として使用できないという制約がある以上，ある特定の観点から（言い方はよくないかもしれないが「学習指導要領」という国家の教育政策に忠実に，少なくとも忠実なふりをして）書かれたもの，という限界があることもまた紛れのない事実なのである。高校まで世界史や日本史が得意だった人ほど教科書への愛着は大きいかもしれないし，大学での歴史の学びをふまえて読み直してみると新たな発見があることも確かである。決して，高校の教科書はもういらない，などと言うつもりはないのだが，しかしそんな君もすでに大学生なのだから，本格的な歴史の学びの第一歩として，いわゆる「概説書」に取り組んでみてほしいのである。

実際に概説書を探してみよう

　それでは実際に概説書を探しにいくことにしてみよう。親切な先生だと「歴史を学ぶための概説書リスト」のようなものを配ってくれるかもしれない。そうであれば，そのリストにあがっているもののなかから，君の興味・関心もしくは必要に応じてどしどし読んでいけばよい。そういう条件に恵まれていない人は，とりあえずは私の説明を読んでほしい。

　大学の附属図書館に行くと，たいてい歴史の分野のコーナーに，「日本の歴史」とか「世界の歴史」と銘打たれた何冊かのシリーズが置かれているはずだ。「通史」などと呼ばれることもあるが，こういったシリーズが概説書のまずは定番だと考えてもらってよい。こうしたシリーズものは，遠く明治

の時代からつくられていて,いくつも種類がある。最初はどれから読んでいけばよいか悩ましいが,ここでは私なりに整理した三つの視点から紹介してみよう。

①比較的「読みやすい」概説

　じつは概説と言っても,その書きぶりは,本が書かれた時代(当然,戦前に執筆された概説書は非常に古風な言いまわしをしている)によっても異なるし,シリーズが意図する読者層などによっても異なる。ここで言う「読みやすい」概説とは,いわゆる歴史好きの人たち向けに,専門家がわかりやすく,かつ「おもしろく」執筆したものを言っている。代表的なものとしては,少し古くなってしまったが,中央公論社が1960年代に刊行した『世界の歴史』(全16巻＋別巻,1960-62年),『日本の歴史』(全26巻＋別巻1-5,1965-67年)シリーズをあげることができるだろう。

　当時中央公論社の出版部にあって,この『世界の歴史』『日本の歴史』シリーズを手がけた宮脇俊三(のちに,『時刻表2万キロ』などで知られる鉄道紀行作家へと転進した。知っている人も多いだろう)の回想によれば,『世界の歴史』シリーズの監修者の1人であった池島信平(大学で西洋史を学んだ著名な編集者で,このとき文藝春秋新社の重役であった)は居並ぶ研究者を前に,「西洋史はじつにおもしろい。しかるに諸君が書くと,まったくつまらなくなってしまう。この企画ではおもしろい話をどしどし書いてもらいたい」と語ったという(宮脇俊三『私の途中下車人生』講談社,1986年)。池島の檄が奏功したのか,いまから半世紀以上前の『世界の歴史』は,歴史好きの高校生が読んでも十分理解でき,歴史学への関心を深めさせてくれるものである。

　ただ,読んで「おもしろい」ということは,歴史叙述としての読みやすさを重視するためか,そのぶん犠牲になっている箇所もあるということであって,学問的厳密さを犠牲にしている箇所がないわけではない。しかし,高校で学んだ歴史の知識があれば,十分に読みこなせるし,それまで以上の奥行きのある知識を得ることができる。時間がある人は思いきってシリーズの第1巻から読破してみるのもよいだろう。もちろん自分の興味・関心のあるところから読み進めていってもよい。「読みやすい」概説は,君たちの「歴史を

学ぼう」という意欲を高めてくれるに違いない。

　ちなみに，こうした概説書のシリーズは，その後もひっきりなしに刊行されている。比較的まとまったものとして，1990年代後半に中央公論新社から出版された『世界の歴史』シリーズ，2000年代に講談社から刊行された『日本の歴史』シリーズをあげておこう。後でも述べるように，当然のことながら歴史研究の成果は概説書にも積極的に取り上げられている。1960年代の『日本の歴史』と2000年代の『日本の歴史』とでは，同じ時代を扱っていても，その描かれ方は大なり小なり変化しているはずだ。最新の研究成果に依拠した概説を学びたいのであれば，もちろん新しいものを手にとったほうがよいが，「古い」概説と読み合わせることで，意外な「発見」がもたらされることもある。

②特定の地域や時代を対象にした概説

　「日本」や「世界」をタイトルに掲げるシリーズにある程度慣れ親しんだら，日本史の場合であれば特定の時代にターゲットを絞った書物やシリーズ，外国史の場合であれば，特定の地域（アジア・ヨーロッパなど）を対象にした書物やシリーズに挑戦してみたい。こういったシリーズも，たくさん出版されている。最近では，岩波新書が，こうしたシリーズに積極的である。たとえば「シリーズ　日本近現代史」(全10巻，2006-10年)を筆頭に，日本の古代・中世・近世がそれぞれ刊行され，中国を対象とした「シリーズ　中国の歴史」(全5巻，2019-20年)もつくられている。

　地域や時代を限定した概説になるため，必然的に叙述の密度が増し，論の進め方も①よりはかなり学問的になろう。もちろん「読みやすさ」「おもしろさ」と「学問的厳密さ」が同居していて，楽しく読みながら知的好奇心を大いにかきたててくれるものも存在している。

　いずれにしても，ゼミナールに入って特定の地域や時代の研究を本格的に始める段階までには，こうした概説書に積極的にふれてほしい。言い換えれば，研究してみたい時代や地域が固まってきたら，まずは関係するさまざまな概説を読み比べてほしい，ということでもある。

③「概説」はそのほかにもいろいろある

　私たち研究に携わっている者が「概説」と言う場合，狭義には，ここまで述べてきたようなシリーズとして編纂されたものや，『○○史』とか『××の歴史』と銘打った単行本をさすことが多いが，広い意味では，歴史を対象に扱った新書や単行書をさす。

　「概説」と「研究書」の違いは，明瞭なようであいまいであったりするが，研究者が自らの研究の成果を，史料を多く引用して厳密に論理を展開している著作が「研究書」である（その意味で，想定される読者は同じ研究分野の研究者や大学院生・学部学生など）とすれば，特定のテーマを扱っていても，叙述には丁寧に解説をつけ，史料を引用する場合でも，研究書に見られるようにまず史料の原文（外国史の研究書であれば当然その外国語）をきちんと引用したうえで現代日本語訳をつけるのではなく，最初から日本語訳されていたりするのが，広義の「概説」と言ってよいであろう。

　こうした「広義の概説」は，日々刊行されている。少し大きい書店の歴史書のコーナーに置かれている，歴史研究者が書いた本で，先ほどの条件を満たしているものは，おおむね該当しよう。執筆者が，最も得意とするテーマで，最新の研究成果をもとにわかりやすく書き下ろされたものが多く，よくできた「広義の概説書」に出会ったときの喜びは大きいし（もちろん，タイトルに魅かれて購入したものの，読んでガッカリしたものがないわけではない），非常に勉強になる（たとえば，個人的な経験になるが，日本古代史の吉田孝『日本の誕生』はおもしろかった）。時には，著者が概説のつもりで書き下ろした新書本が，その後の学界の研究動向に大きな影響を与えたというようなこともないわけではない（たとえば永原慶二『新・木綿以前のこと』など）。優れた「広義の概説」との出会いが，1人の歴史研究者の一生の研究課題を決めたなどということも，決してまれではないのだ。

　①や②のような概説で言わば「歴史の常識」を身につけつつ，優れた「広義の概説」と出会うことで，「常識」と対峙しながら，いつか自分が研究したい課題を見出す，というのは一つの理想的な大学での歴史の学び方のように私には思えるが，いかがだろうか。

さて,「広義の概説」とのつきあい方はじつは難しい。「〇〇の歴史」などのシリーズであれば,図書館のしかるべき場所に配架されているし,大きな書店でも目立っている。しかし,さまざまなかたちで刊行されている「広義の概説」は,それなりに努力しないと理想的な「出会い」はなかなか困難なのである。

　授業やゼミの場で教員が紹介してくれる参考文献のなかには,こうした「広義の概説」が含まれていることが多い。概説書に限らないが,授業で紹介された本は,まずは図書館に行って現物を確かめる習慣を身につけてほしい(大学の図書館のあり方については,本書のコラム2を読んでおこう)。それぞれの大学の中心的な図書館(附属図書館とか総合図書館と呼ばれている)の開架図書には,もちろん「研究書」も配架されているが,むしろこれまでに刊行された「広義の概説」の宝庫と言ってよい。歴史の図書が並べられているコーナーを,本の背のタイトルを眺めながら彷徨し,気になるタイトルの本を見つけたら,迷わず手に取って読んでみよう。そこから,君ならではの歴史研究が始まるかもしれないのだ。

　図書館を最大限に活用する一方で,日々刊行されるものへの目配りも欠かせない。たとえば新書に限定しても,老舗の新書である岩波新書・中公新書・講談社現代新書などでは,毎月1～2冊は,歴史を対象としたものが出版されている。少なくとも週に1回,大学の書籍売り場や近くの大きな書店に通っていれば見逃すことはない。新聞をとっている人は,出版社の広告欄に注意をはらっておくことも有用だ。どんなに優れた書物でも,君たちがその存在に気がつかなければ意味がない。本が向こうからやって来るのを待ってばかりではなく自分から探しにいくことも,大学で歴史を学ぶためには必須の姿勢だと言えるだろう。

3. 概説書の読み方——中国史を素材に

　さて,それでは具体的な書物を紹介しながら,さまざまな概説書のあり方にふれていこう。私の研究分野が中国古代史なので,ここからは中国史の世

界の話が展開されるが，概説書を読んでいくためのコツのようなものは，他の地域や時代のものと，本質的にはあまり変わらないと思うので，一つの例としてつきあってもらえるとうれしい。

1冊で中国史を学ぶ

1冊で中国史を古代から近現代まで叙述した概説書というのも案外たくさんあるが，これも二つの「かたち」がある。

一つは，尾形勇・岸本美緒編『新版 世界各国史 中国史』のようなもので，1冊の概説書を，複数の研究者が分担して執筆しているものである。同書の目次を，各章の執筆者とあわせて示すと次のようになる。

序章 「中国」とは何か（岸本美緒）／第一章 古代文明と邑制国家（平勢隆郎）／第二章 皇帝支配の成立（尾形勇）／第三章 帝国の分裂と再統合（金子修一）／第四章 東アジア世界の変容（宮澤知之・杉山正明）／第五章 中華帝国の繁栄（岸本美緒）／第六章 動揺する中華帝国（並木頼寿）／第七章 中華復興の試み（久保亨）／第八章 人民中国の光と影（石井明）

章のタイトルを見ただけで，どの王朝の時代を扱っているかまではわからない人が多いかもしれないが，古くは黄河文明の時代から，現在の中華人民共和国の時代までを扱っていて，一応この1冊があれば，最低限の中国史の知識は身につけられそうである。もちろん古代からの中国史の流れをどのように理解するかについては，日本の学界のなかにも，さまざまな立場があり，じつはこの本の執筆者全員が同じ考えで研究を進めているわけではない（執筆者を集めて開催された編集会議をまとめるのは一苦労だったと編者の尾形勇から直接うかがったことがある）。

そうであるがゆえにと言うべきか，こうしたタイプの概説書の場合，個々の章の執筆者は，それなりに個性を出そうとはするものの，全体としては，執筆時点での学界の研究成果を意識しつつも，よい意味で「教科書的」な仕上がりになることが多い。言い換えると，複数の執筆者がつくる1冊の概説書は，とりあえずある地域の歴史について基本的な知識を得たい場合などに便利だ。この「世界各国史」（もちろん日本も入っている）シリーズは，さすが高

校の歴史教科書で圧倒的なシェアを誇る山川出版社から刊行されているせいか，「教科書的」によくできていると言えるのではないかと思う。何から読んでよいか迷ったときは，まず図書館で見つけて手を伸ばしてみてもいいだろう。

　そしてもう一つ。複数の執筆者が集まって１冊の穏当な教科書的な概説をつくるタイプと対極にあるのが，１人の歴史家が，その自説を前提に，１冊の概説書を書きおろしたものである。中国史を例にとっても，そうした概説書は多々あるが，ここでは３冊ほど紹介してみたい。

　一つめは，岩波文庫にも収録された宮崎市定『中国史』である。これは，もともと，宮崎が岩波全書に書き下ろしたもので，上巻が1977年に，下巻が1978年に刊行されたものである。これまた内容を大づかみに理解するために目次を掲げると，以下のようになる。

　　総論（一　歴史とは何か／二　時代区分論／三　古代とは何か／四　中世とは何か／五　近世とは何か／六　最近世とは何か）

　　第一篇　古代史（一　三代／二　都市国家の時代／三　戦国時代／四　秦／五　前漢／六　後漢）

　　第二篇　中世史（一　三国／二　晋／三　南北朝／四　唐／五　五代）

　　第三篇　近世史（一　北宋・遼／二　南宋・金／三　元／四　明／五　清）

　　第四篇　最近世史（一　中華民国／二　国民政府／三　人民共和国）

淡々と王朝の交替史が綴られているようで正直食指が動かない，という人もいるかもしれない。しかし，宮崎は，達意の文章を書く歴史家として知られ，その独特な語り口によって，この本でもわかりやすく中国の通史が語られている。一方で，宮崎が１人で執筆しているということは，この本全体が，宮崎の歴史の学び方に対する見解なり中国史理解なりに貫かれているということでもある。宮崎は，誠実にそうした自らの見解をこの書物の「総論」で述べている。それは主として，中国史の時代区分とその時代の呼称のあり方をめぐる問題である。この問題は，かつて日本の学界で大きな意見の対立を招いたものであり，宮崎自身その一方の当事者であったためか，この「総論」は熱気がこもっている。この宮崎『中国史』がおもしろいのは，宮崎自身の

筆力もさることながら，そうした「一本筋が通った」概説になっていることが大きい。このことは見方を変えると，ある研究者が単独で書いた概説は，その研究者の見解が前面に出るほど「作品」としてはおもしろいが，読み手がその世界に取り込まれすぎないように気をつけながら読まないといけないということも意味している。「読む」対象との距離の取り方をどう「意識」するかは，概説書を読むときだけの問題ではないが，「個性」の強い概説書を読むときは，とりわけ留意したいところである。

　宮崎のものと同様に，研究者個人の独自の見解を展開したユニークな概説書に，戦後日本の中国古代史研究を牽引した堀敏一による『中国通史――問題史としてみる』がある。堀は「一般の概説書では，事実は万遍なくならべられていますが，そのような事実が選択され，研究されたのはなぜか，どういう点が大事なのかなどといった問題点がさっぱりわかりません。そういう問題点がわかる通史を書いてみたいというのが私の気持ちです」とこの本の「はしがき」で述べているが，堀の選択によるものではあれ，中国史を通してどのような点が研究上の課題となるかを学ぶことができる概説書となっている。

　1人の研究者が著したもう1冊の中国史の概説書として，比較的最近刊行されたものとしては，岸本美緒『中国の歴史』がある。この著作は，もともと放送大学のテキストとして2007年に執筆されたものが，出版社の求めに応じて文庫（ちくま学芸文庫）化されたものである。先の宮崎の『中国史』と対比する意味で，この『中国の歴史』の目次も示してみよう。

　　まえがき／1　「中国」とは何か／2　中国初期王朝の形成／3　春秋・戦国から秦の統一へ／4　漢帝国と周辺地域／5　分裂と融合の時代／6　隋唐帝国の形成／7　宋と北方諸民族／8　元から明へ／9　清朝の平和／10　清末の動乱と社会の変容／11　中国ナショナリズムの形成／12　五・四運動と中国社会／13　抗日戦争と中国革命／14　社会主義建設の時代／15　現代中国の直面する諸問題

　岸本は，文庫版の「あとがき」で「文体も教科書風であり，特に新奇な話もなく，高校の世界史教科書とあまり変わらない概説ではないかとお感じの

読者もおられると思う」と謙遜するが,「まえがき」で述べているように, 「中国」を孤立して取り上げるのではなく周辺諸地域との関係を重視し, 王朝の交替や時代的な変化を通じて存続する中国社会の特徴と歴史的変化との関係に意を用いるなど, 岸本の関心をふまえた工夫がなされている点が, この本を, たんなる「教科書風概説」とは区別しているように思われる。

　研究者が単独で1冊の概説書を執筆する場合に, 大学の講義で用いることを前提に,「教科書風」なものをつくることも, ままある。そうした「教科書風」概説を学ぶこともももちろん大切だが, ここで紹介した宮崎や堀の学術的水準を維持した個性ある概説にふれることも, 歴史学の奥行きの深さを体感することにつながるだろう。一方, 岸本のように,「教科書風」でありながら, 個性をにじませた概説もまた数多い。どんな概説書に学ぶにせよ, その叙述の特質を考えながら読んでいくことが大切で, とにかく最初のうちは, まず選んだ本の「はじめに」や「あとがき」に目を通し, 著者がどのようなねらいをもってその書物を著したかを自分なりに判断してから読んでいくことをすすめたい。

二つの「中国の歴史」を読み比べる

　日本と中国の古くて深いつながりを反映してか,「中国の歴史」と銘打った概説書のシリーズが講談社から戦後2回にわたって刊行されている。外国の歴史でありながら, 詳細な概説がまずは日本語で読むことができるのは, これから中国史を学ぼうとする学生にはじつはとてもありがたいことである。

　さて, 最初のシリーズは, 1974年から75年にかけて出版されているが, これは, 1970年代に入っての日中国交正常化を受けて中国への関心が日本社会のなかで高まったことを反映していよう。刊行からすでにほぼ半世紀経過し, その多くは講談社学術文庫に入り, いまでも手軽に読むことができる。二つめのシリーズは, 2004年から05年にかけて刊行されている。最初のシリーズの執筆者たちに手ほどきを受けて研究者となった世代による概説書であり, いま, 本格的に中国史を学ぼうとするのであれば, 第一シリーズ刊行後30年間の研究成果も反映されている, この新しいほうのシリーズからひも

とくのが常道であろう。

ただ，ここで一言ふれておきたいことは，ぜひ，新旧二種の概説には双方目を通してほしいということである。新シリーズの鶴間和幸『ファースト・エンペラーの遺産——秦漢帝国』は，1970年代以降大きく進展した中国考古学の成果をふんだんに盛り込んであり，読者は，それらの成果により秦漢時代史像が深くかつ豊かに描けるようになったことを体感できる。ただその秦漢時代史像の「深化」も，それまでの研究の蓄積あってのことであり，言い換えれば，旧シリーズで秦漢時代を扱った西嶋定生『秦漢帝国』での秦漢時代史像があってこその「新しさ」ということでもある。

「概説書」となると，研究の入門として読もうとするために，ともすれば「教科書」的に向きあう人が多いのではないかと思われる。確かに概説書にはそういう側面はあって，モノによっては，「あぁ，あれはもう古いよ」という概説書もあろうが，歴史を扱った書物であるかぎり「古い」モノにもそれなりに存在意義があるのであり，モノによっては「新しい」モノを補う存在価値をいまなお有するものもあるのだ。

概説書に学びながら，知識や関心を「ヨコ」に広げていくことは大いに進めてほしいが，あわせて，「タテ」を意識することも肝要である。

4．概説書と研究書の間

大学で歴史の勉強を深めていくと，やがて概説書ではもの足りなくなるし，先生からの注文も厳しくなっていくだろう。いずれは「研究書」なり「学術雑誌に掲載された論文」に取り組んでいくことになるわけで，いきなりそういうモノを読みこなせる人もいるかもしれないが，なかなか難しいというのが実情である。この章の最後で，概説書から研究書の間を架橋してくれる書物について簡単にお話ししておこうと思う。

先に「広義の概説」についてふれた。そのなかには，筑摩選書や講談社選書メチエのシリーズのように単行本のかたちをとるものもあり，特定のテーマを論じた，限りなく研究書の水準に近づいているものも少なくない。一

方，ここで私が紹介したいのは，より深化した概説を兼ねつつ，その時々の研究上の課題がどのあたりにあるかをわかりやすく示した書物である。

より深化した概説書

その一つは，山川出版社が刊行している「日本歴史大系」「世界歴史大系」というシリーズであり，後者は，中国史・朝鮮史・南アジア史・イギリス史・ドイツ史などが複数巻にわたって編まれている。たとえば中国史だけで全5巻もあり，1巻あたり500頁におよんでいるのだから，どれだけ詳細に論じられているかがわかるだろう。概説書などを通して関心を深めたいと思うようになった地域や時代の歴史研究の到達点を学ぶための書物として，（もちろん関心のある地域が取り上げられていれば，という限定つきではあるが）ぜひ手に取ってほしい。

このシリーズは，その叙述が詳しいというだけではなく，本格的な研究に進むための前段階として，豊富な参考文献リストが掲載されている点でも，これから本格的に大学で歴史を学ぼうとする諸君には重宝するように思われる。

「講座」から学ぶ

最後に，より「深化した概説」と「研究書・研究論文」とを架橋するものとして，「講座」を紹介したい。ここで言う講座として代表的なものは岩波書店がさまざまな分野で刊行している「岩波講座」であるが，そのほかにも，歴史学の分野では，「日本史講座」「世界史講座」と銘打ったシリーズが枚挙に暇がないほど刊行されている。

「講座」を刊行する趣旨は，その刊行時点までに達成された学界の研究成果——それは学界の「共有財産」とみなしうるレベルのモノ——を，大学生や一般の読書好きの人びとに比較的わかりやすいかたちで届けるところにある。したがって，講座に収録される文章は，学術論文なみの学問的厳密さと形式をもって書かれており，そこが「概説書」とは異なっている。しかし，読者として専門家だけを想定するものではないので，あくまでも歴史に興味

があれば誰にでも理解しやすいように書かれているのである。「世界史講座」でも「日本史講座」でもよい。自分が関心をもった地域や時代の巻を手に取ってみよう。

ちなみに第三次『岩波講座 世界歴史』が，2021年から23年にかけて刊行された。時あたかも，高等学校での歴史教育に「歴史総合」や「世界史探究」が導入される時期と重なったこともあり，その第1巻は「世界史とは何か」と題され，歴史教育や歴史学の方法論にかかわる論考が収録されているという点で注目される。この第1巻の構成を紹介すると，

【展望】〈私たち〉の世界史へ（小川幸司）／【問題群】人は歴史的時間をいかに構築してきたか（佐藤正幸）／世界史のなかで変動する地域と生活世界（西山暁義）／現代歴史学と世界史認識（長谷川貴彦）／【焦点】ジェンダー史の意義と可能性（三成美保）／「サバルタン・スタディーズ」と歴史研究・叙述（粟屋利江）／環境社会学の視点からみる世界史（金沢謙太郎）／「感染症の歴史学」と世界史（飯島渉）／ヨーロッパの歴史認識をめぐる対立と相互理解（吉岡潤）／東アジア歴史認識対立と対話への道（笠原十九司）／新しい世界史教育として「歴史総合」を創る（勝山元照）

となっている。【展望】の「〈私たち〉の世界史へ」と，【焦点】のなかで「新しい世界史教育として「歴史総合」を創る」を寄稿した小川と勝山は，長く高等学校で世界史教育を実践してきた教育者であり，学校教育の変化が歴史研究のあり方にも変容を迫りつつある現状をよく示しているとも言える。この第1巻に収録されている個々の論文は，個々の地域の政治史や社会・経済の動向を概説的に論じたものではないが，本格的に歴史研究を進めていく際に今日必要とされる考え方や研究のあり方を学ぶためには必読のものとなっている。

このように，「講座」の論文とは，これまでの研究成果の到達点への理解を助けてくれるばかりではなく，具体的な研究の進め方を示唆してくれているところに有用性があるとも言えるのである。たとえば卒業論文のテーマを決めて，ゼミの先生に相談に行く頃には，関連する概説書は当然読んだうえで，せめて最新の岩波講座の関連論文には目を通しておく必要があるだろ

う。そうすれば，かつての私のように，指導教員からこっぴどく叱られるようなことはないはずだ。

参考文献（概説書のシリーズ，講座は，本文中で取り上げたもののみ掲げる）
『岩波講座 世界歴史』全30巻＋別巻，岩波書店，1969-74年
『岩波講座 世界歴史』全28巻＋別巻，岩波書店，1997-2000年
『岩波講座 世界歴史』全24巻，岩波書店，2021-23年
『岩波講座 日本通史』全21巻＋別巻1-4，岩波書店，1993-96年
『岩波講座 日本歴史』全22巻，岩波書店，2013-16年
『世界の歴史』全16巻＋別巻，中央公論社，1960-62年
『世界の歴史』全30巻，中央公論新社，1996-99年
『中国の歴史』全10巻，講談社，1974-75年
『中国の歴史』全12巻，講談社，2004-05年
『日本の歴史』全26巻，中央公論社，1965-66年
『日本の歴史』全26巻，講談社，2000-03年
尾形勇・岸本美緒編『新版 世界各国史 中国史』山川出版社，1998年
岸本美緒『中国の歴史』ちくま文庫，2015年
永原慶二『新・木綿以前のこと──苧麻から木綿へ』中公新書，1990年（『永原慶二著作選集』第8巻，吉川弘文館，2008年に再録）
堀敏一『中国通史──問題史としてみる』講談社学術文庫，2000年
宮崎市定『中国史』上・下，岩波書店，1977-78年（『宮崎市定全集』第1巻，岩波書店，1993年，岩波文庫，2015年に再録）
吉田孝『日本の誕生』岩波新書，1997年

（小嶋茂稔）

第7章
研究論文・研究書の読み方

1. 論文とは何か？

　本格的に自分の研究テーマをつきつめようとすると、研究論文や研究書を読む必要が出てくる。すでに演習の授業などのテキストとして、分厚い本を読んだ人もいるだろう。

　研究論文というものは、本文が2万字ぐらいで必ず注がついており、あわせて2万8000〜3万2000字程度のものが多い。研究論文は、歴史関係の学会が発行する研究雑誌や、大学の紀要(きよう)、それに書籍に収録されていることが多い。歴史関係の学会の雑誌論文は、大学院生や大学教員などが投稿して、審査のうえ掲載を決定するかたちをとる。この手続きを査読という。こう書くと、何やら自分たちとは別の世界だと感じるかもしれないが、本書を読んでいる多くのみなさんが、近い将来書くことになる卒業論文は、じつは研究論文とほとんど同じなのである。

　では研究論文とはいったいどんなものだろう。たいていの場合、論文には「はじめに」があり、それに3章ほどの本文と「おわりに」がついている。

　まず「はじめに」では、その論文が扱うテーマと、それにかかわる研究史が書かれている。まずは、論文の目的をきちんと把握することが重要である。論文の目的については「本論文は……である」というかたちで提示されている場合が多い。また「はじめに」にある研究史は、そのテーマについての研究が、過去においてどのように行われたかが述べられる。こうして、その論文が、これまでの研究のどのあたりに位置するのかが示される。同時に読む側にとっては、自分のテーマについてほかにどのような研究があるかを知ることができる。

そして本文である。論文を読む際には，まず章や節のタイトルをしっかりと把握しよう。それぞれの章は，史料が使われてその人の主張が述べられている。最後に「おわりに」となる。「おわりに」では各章の要約がなされ，この論文の設定した課題にそくして結論が提示される。以上に加えて，著者の今後の研究課題が述べられることもある。

2. まずは内容を理解する

とにかく，まずは論文の内容を理解することが大切である。論文は，その名のとおり「論」なのであるから，内容の把握も，その論文の筋道を追うことが必要となる。では，どのようにその筋道を追ったらよいのだろうか。

論文や研究書を読むときは，みんなどうしているのだろうか。私はノートをとりながら読むことが多い。ちなみにこの本を編集している研究者仲間に聞いてみたところ，いろいろな読み方が行われていることがわかった。ノートをとりながら読むという方法以外に，本や論文のコピーに線を引いたり，内容を書き込んだりするという人も多かった。とはいえ，本書を読んでいるみなさんが論文の内容を理解するためには，ノートをとることをおすすめする。手書きでもパソコンでもよいが，とにかくメモをとりながら読むのである。ノートのとり方については，ここでは詳しくふれないので，ぜひ次の第8章「読書ノート作成のすすめ」を見ていただきたい。

大学で講義を受けるときは，ノートをとるか，教員が配布したハンドアウトなどに聞いた事柄を書き込むだろう。ちょっと横道にそれるが，講義などではパソコンの使用はあまりおすすめしない。パソコンは聞いたことを記録するにはとてもよい。しかし話の流れを理解しながら，また考えながら記録するには，手でノートをとったほうがよいと思う。欄外に思いついたことや疑問をメモすることも重要だ。ノートだとこれができる。

研究論文などを読むときは，内容の理解という面と，記録という面があるので，手書きかパソコンか，それぞれのメリットはあるかもしれない。私は断然ノート派であるが。

とにかく研究論文などの内容は，読むだけではなかなか難しくて頭に入らないものである。しかし，ノートをとりながら読むと不思議と頭に入ることが多い。最初のうちは，本の中身を何もかも書いてしまうかもしれない。本に線を引きながら読むこともあるが，自分が学生の頃に読んだ本を見返すと，片っ端から線が引いてあって，どこが重要なのかわからない。これと同じである。何もかも書いてしまうのは，それは背景的な知識が少なかったり，論旨がうまく追えていないことを示す。慣れていくしかないのである。繰り返すうちに，だんだんと要点をメモできるようになる。たいてい章や節の末尾で，その部分のまとめがなされることが多いので，そこにも注目したい。

　同じテーマに関する論文をいくつか読むと，過去に読んだことのある議論や研究者の名前などが見られるようになり，ほかの論文とつなげて理解できるようになる。また，じっくりと検討しなければならない論文か，そうでないかという見極めもできるようになる。

　難解な論文もある。その場合，筆者が強調している点を抜き書きするなどして，とにかく何が議論されているかをつきとめるようにしよう。あらためて見直してみると，何を言っていたのかわかることもあるので，決してあきらめずに。

3. 研究書の読み方

研究書はどのような構成か？

　研究書は，論文をいくつか集めてそれらを章として，さらに序章，終章をつけたかたちをとる場合が多い。研究論文の読み方をある程度理解したら，研究書を読もう。もちろん，いきなり研究書から読む場合もあるかもしれない。装丁はハードカバーのものも多く，それに何千円，あるいは1万円を超えるものもめずらしくはない。自分でどうしても必要な本は買って読むことをおすすめするが，まずは図書館で借りよう。

さて研究書は，もともとは個別の論文を集めたものであっても，補訂を加えて整理し全体が一つのまとまりをなすことがめざされている。研究書には，再配置されることで再びストーリーをつくっていくものがある。

　まず目次で全体像を把握してみよう。目次を読むことで，その本の中身をうかがうことができる。研究論文の目次も同じだが，議論の内容がにじみ出るような目次だてが理想だ。これに目を通し，次に序章あるいはそれにあたる部分を読むべきだろう。序章は論文で言えば「はじめに」にあたる。ここではあらためて研究史整理と課題設定が行われる。序章を読むだけで，全体の内容がある程度把握できるものもある。これは議論が練られているうえに，筆者が自分自身の議論を丁寧に読者に伝えようとしていることを示している。ちなみに研究書にはたいてい「あとがき」がついているが，ここを先に読んでしまうこともある。本来，「あとがき」は最後に読むべきであろうが，その本を理解するために重要な情報が得られる場合もあって，必ずしも悪いことではない。

　序章の後は第1章以下，本文が続く。この1章分が研究論文1本分だと考えてよい。読み方は論文と変わらない。1冊の研究書には5〜10本分ほどの論文の内容がつまっていると考えると，最初から最後まで研究書を読み通すのは，なかなか大変だ。

　では，どうしたらよいだろうか。研究書には，たいてい核となる章が置かれている。それは過去に雑誌論文として発表されたもの，それも，著者の自信作である可能性が高い。それがどこかを探りあて，序章の次に読んでみるというのも一つの方法である。「あとがき」やその前後に，各章の出典が書かれていることがある。この初出一覧を参考にしたい。そこに，査読制度がしっかりしている『史学雑誌』，『歴史学研究』，『社会経済史学』などの雑誌に掲載されたものがあれば，それを読んでみてはどうだろうか。

読書のモチベーションを持続する

　研究書を読むときも，やはりメモをとるべきであろう。これは論文の読み方と同じである。とはいえ，読み始めたのはよいが，その本があまり自分の

研究に必要ではないことに気づくこともある。興味をもって読み始めても，半分を過ぎたあたりからモチベーションが下がることもある。そんな場合は，できれば章の終わりまで読み進めて区切りをつけ，目次などのメモをとっておく。そしていったん書棚か図書館に返そう。読み進めることなく机の上などに置いたままになった本を見るのは，あまり気分がよくない。私の研究室の机の左端にうず高く積まれた本がある。これまで，読もうとした，あるいは途中まで読んだものなので，なぜ積まれているかは自分なりに説明がつくが，なかなか手がつかない。

　研究書を読むのはなかなかつらい。途中でやめたくなることもある。これは研究を職業とする者でも同じなのである。研究書，研究論文を読んでいくのは一つの修業という面もあるように思う。私も手強そうな論文を読むときは，身動きしないで集中して読む。とはいえ，一気に全編を読み切ろうとは考えなくてもよい。

　経済思想研究者の橋本努は，長時間の読書にたえられるように背筋力を鍛えよ，という趣旨のことを言っている。確かに学術的な本を読み通すには，筋力と精神力が必要だ。雑念を振り払って，今日は1章分，明日も1章分というように読んでみよう。

4．次のステップ　批判的に読む

　本章は，研究論文・研究書の読み方を，まず内容を正確に理解するという観点で解説をした。

　これが基本なのだが，やはり研究論文・研究書は批判的に読むということが大切だ。では批判的に読むとはどういうことだろうか。それは決してあら探しをして文句をつけるというのではない。その論文や研究書で述べられていることが，事実に立脚しているか，そして論理が整合的か，ということを探りながら読むことである。

　事実に立脚しているかどうかは，日本史の場合で言うと，そこで使われている史料などに自分であたる必要がある。またその論理のつじつまが合って

いるかについては、「こうだから、こうである」という論の運びに無理はないか、という点に気をつけながら読むことで探ることができる。それから序章、「はじめに」にある研究史整理も重要である。なるべく広い視野で、研究史を振り返り、自分の研究課題を設定しているものが優れた研究である。

　先行研究を正確に理解しているかどうかは大切である。史料を使って論じていても、研究史をふまえないのでは、その研究の価値がどこにあるかわからない。新しい見解だと思っても、自分が考えることは誰かがすでに書いているという場合もある。まれに、じつは先行研究に依拠しているのに、先行研究があることを示さず、あたかもすべてが自分の論であるかのように書かれた論文がないわけではない。これは、剽窃（ひょうせつ）と言って研究者としてのモラルに反する行為となるので絶対にしてはいけない。

　綿密に先人の業績を読み込んで、そのなかから自分の課題を探し、あるいはそれらを批判することが論文を書くために非常に大切である。そして、これができているかどうかを検証するには、読み手もしっかりと勉強しなければならないのである。

参考文献
橋本努『学問の技法』筑摩書房、2013年

（源川真希）

第8章
読書ノート作成のすすめ

1. なぜ読書ノートが必要か

　みなさんは，これまでどんな本を読んできたか，覚えているだろうか。漫画や小説なら，印象に残った場面やセリフを思い出すことができるだろう。ところが，大学に入って読むことになる本は「研究書」と言われるものが増え，一読しただけでは「難しい」「つまらない」と感じてしまい，内容が頭になかなか入ってこない。せっかく苦労して読破しても，しばらくすると肝心の内容を忘れてしまうこともある。

　しかし安心してほしい。これは大学の先輩や先生たちも同じで，いろいろと工夫して，このような状況に対処している。その方法は人それぞれであるが，みなさんには，読書ノートをつくることをおすすめしたい。図1は，私の学生時代の読書ノートで，文字どおり紙のノートに手書きしたものである。

　読書ノートは，つねに持ち歩いて，暇なときにちらりと眺めることで効果を発揮する。その効果とは，次の3点である。

①自分が過去にどんな本を読んだかを思い出せる。
②ほかの本の内容と比較できる。
③論文やレポートを書くときに必要になる情報を引き出せる。

　図1の実例にそって，これらの利点を説明していこう。
　第一の利点は，**備忘録としての機能**である。大学生になるとたくさんの研究書を読むようになるだけに，過去にどんな本を読んだか忘れることがある。内容が難しかった場合はなおさらだ。そこでとりあえず，文献の基本情

報 (本章の最後で説明する) とおおまかな内容 (序章に書かれている「本書の目的／ねらい」や, 終章に書かれている「結論／まとめ」) だけでもメモしておく。しばらくしてそのメモを見て,「そういえばそんな本があったな」と思い出して, あらためてその文献を読んでみると, 自分自身の知識が増えていることも手伝って, 意外と内容を理解できるようになっている。つまり読書ノートは, まずは備忘録としての役割を果たす。

　第二の利点は, **複数文献の比較**が容易になることである。読書量が増えてくると, ちょっとした一文でも,「前に読んだほかの本と違うことを言っているな」と気づくことが出てくる。たとえば図1の文献の筆者は,「セキュラリズム」という英単語を「政教分離」と訳しているが, 最初に読んだときはそういうものかとあまり深く考えずにいた。ところが別の文献では「セキュラリズム」が「世俗主義」と訳されていることに, 後で読書ノートを見直してはじめて気づいた。そこで二つの文献メモを比較すると, どうやら「セキュラリズム」というものは「近代国家」の指標の一つとされており, その「近代国家」のあり方について各著者の見解が異なるために訳語も違っているらしい, と気づくことができた。さらには, そもそも「近代」とは何なのか, インドはイギリス支配のもとで「近代化」したのか,「近代化」はインドにいかなる影響を与えたのか, など次々と疑問がわいてきた。これらの疑問を解こうと, さらに多くの研究書を読むようになると, 知識も増えていく。つまり読書ノートは, 複数の文献を比較することを通じて, 新たな「問い」に気づき, それに対する自分の考えを形成していくきっかけを与えてくれる。

　第三の利点は, **情報を引き出す機能**である。大学生活ではレポートや論文を書くよう求められる。その際, いろいろな情報や他人の意見を複数の研究書から集めたうえで, 自分の考えをまとめ, 文章を組み立てていく。たとえば,「宗教紛争」についてレポートを書くよう課題を出されたとしよう。そのとき読書ノートを見直して,「インドでは宗教対立が深刻だったな」と思い出し, インドを題材に書くことにする。さらに,「そう言えば関根という人の論文に, インドでは宗教紛争は近代になってから目立つようになった, と書いてあったな」と思い出し, なぜ近代になって宗教対立が激化したのか

図1 読書ノートの例（右ページが本の内容，左ページは後で書き込むために最初は空白にしておく）

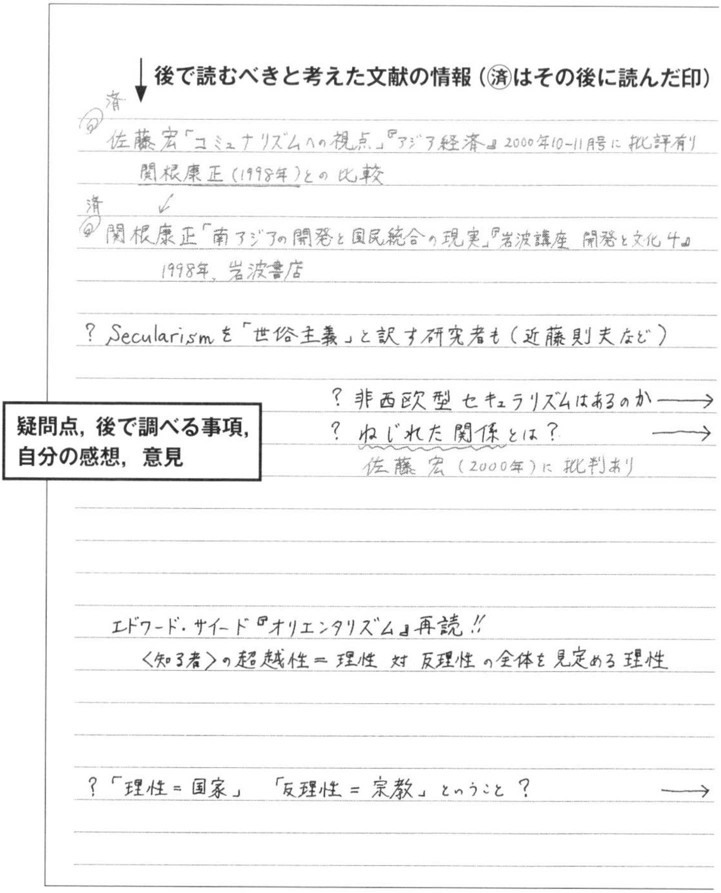

疑問点，後で調べる事項，自分の感想，意見

↓ 後で読むべきと考えた文献の情報（済はその後に読んだ印）

済
① 佐藤宏「コミュナリズムへの視点」『アジア経済』2000年10-11月号に批評有り
　　関根康正（1998年）との比較

済 ✓
② 関根康正「南アジアの開発と国民統合の現実」『岩波講座 開発と文化4』
　　1998年，岩波書店

? Secularism を「世俗主義」と訳す研究者も（近藤則夫 など）

? 非西欧型セキュラリズムはあるのか →
? ねじれた関係とは？ →
　　佐藤宏（2000年）に批判あり

エドワード・サイード『オリエンタリズム』再読!!
　〈知る者〉の超越性＝理性 対 反理性 の全体を見定める理性

?「理性＝国家」「反理性＝宗教」ということ？ →

調べてみよう，以前「近代化」の問題点についても調べたことがあるからそれももう一度見直して，「近代化と宗教の関係」についてインドを事例にまとめてみよう，となるわけである。

　さて，レポートを書き始めるとき，必ず守らなくてはいけないルールがある。それは，さまざまな情報をどの文献のどの部分から得たのかすべて正確に言及する，というルールである。みなさんも研究書を読むようになれば，【注】というものがたくさんついているのに気づくだろう。これは，その

文献の基本情報（書誌情報）

「現代インド社会における宗教と政治
― セキュラリズムとコミュナリズムという難題 ― 」

関根康正

古田元夫他編『〈南〉から見た世界2 東南アジア・南アジア―地域自立への模索と葛藤』1999年, 大月書店, 185-217頁。

はじめに

(186)
- 「コミュナリズム」: 宗教集団間の対立をもたらす教条主義
  　　　　　　　　　　インド特有の用語法
  ← 近代（植民地支配体制下）にむしろ顕在化
    ├ 宗教・カーストで人々を分割
    └ 西欧型セキュラリズム（政教分離）
- インドにおける「セキュラリズムとコミュナリズムのねじれた関係」

(187) 1. 問題の所在 ― セキュラリズムの成立と限界
- 西欧近代の所産が一方的にイギリスからインドにもたらされ、社会改変がなされた、と考えるのは単純すぎる
  E・サイード『オリエンタリズム』東と西は相互反映の中で自画像・他者像を造る
  ex.「理性による支配」イデオロギーの確立過程
  　18c: 宗教が圧倒的力をもっていた中で「理性」の誕生
  　　　↓ ←非西欧世界との接触体験
  　19c: 理性中心思想（宗教でさえ理性体系の中、反理性的行為の選択も理性）
  　　　↓ +ヘーゲル「国家＝地上における理性の完成」
  　「国家が理性的判断により政教分離を可能にする」
  　　　↓
  　20c: 政教分離＝近代国家の基本路線

「ページ情報」

【注】がついている部分の内容はほかの文献から得た情報に基づいている、ということを示している。

　なぜこのようなルールを守らなくてはいけないのか。その理由は二つある。第一は, 文献の内容（情報や意見）は, その文献を書いた人の知的財産だからである。そのため, その内容を自分のレポートや論文に書く場合は, 「この情報は, ○○氏の△△というタイトルの文献の××ページから得ました」と【注】をつけて明記しないと, 他人の情報を盗んだことになってしまう。

これは剽窃(ひょうせつ)といういれっきとした犯罪であり、絶対に避けなければならない。

　第二は、自分のレポートや論文を読んでくれる人に対して、各情報をどこから得たのか教えてあげるためである。あなたの論文を読んだ人が、「おもしろいことを書いているな、もっと詳しく知りたいな」と思ってくれた場合、その人に対して「この部分の内容は、○○氏の△△という本の××ページを見れば、より詳しく書かれていますよ」と、【注】で情報提供することができる。また、難しい研究書を苦労して読解して、その内容を自分の論文で紹介したものの、じつは自分の読み方が間違っていて、研究書の著者の主張を誤解して伝えてしまうということも起こりうる。しかしそのようなときも【注】がついていれば、あなたの論文を読んだ人は、あなたが参照し明記した研究書を自分でも読んで、本当にそのような内容が書かれているのか確認できるであろう。

2. 押さえるべき基本情報

　以上のことをふまえると、読書ノートを作成するときに注意するべき技術的ポイントは、以下の項目を基本情報(書誌情報という)として必ずメモすることである。

単行本(単著)：1人の著者が1冊の本を執筆したもの
A. 筆者名
B. タイトル(サブタイトルも含めてすべて)
C. 出版社名(奥付をよく確認する。初版と第2版以降では出版社が変わっている場合があるため)
D. 出版年(C同様、奥付をよく確認する。初版と第2版以降では内容やレイアウトが変わっていることがある。その場合、どの版を読んだかによって参照する内容やページがずれるため)
　例：ダナンジャイ・キール(山際素男訳)『不可触民の父　アンベードカルの生涯』三一書房、1983年

ダナンジャイ・キール（山際素男訳）『アンベードカルの生涯』光文社新書，2005年

編著掲載論文：編著（複数の著者がそれぞれ執筆した複数の論文を編者が1冊の本にまとめたもの）に掲載された論文

A．論文筆者名
B．論文タイトル（サブタイトルも含めてすべて）
C．編者名
D．本のタイトル（サブタイトルも含めてすべて）
E．出版社名
F．出版年
G．論文掲載ページ

例：志賀美和子「『不可触民』のジレンマ——非バラモン運動における包摂と排除」石坂晋哉編『インドの社会運動と民主主義——変革を求める人びと』昭和堂，2015年，61-91頁

雑誌論文：定期刊行物に掲載された論文

A．論文筆者名
B．タイトル（サブタイトルも含めてすべて）
C．雑誌名
D．巻号数，出版年
E．掲載ページ

例：愼蒼宇「軍隊による朝鮮人虐殺——植民地戦争経験の蓄積という視点から」『歴史評論』881号，2023年，16-28頁

　読書ノートをつくることはとても有益だとわかってもらえたであろうか。それでは早速，今日からノートづくりを始めてほしい。技術的ポイントさえ押さえれば，つくり方は自由である。途中でやり方が変わるかもしれないが，みなさんにはそれぞれ自分に合う方法を見つけ出してほしい。

（志賀美和子）

第9章

ゼミ発表の仕方

　大学教育の大きな特徴の一つは，教員の講義形式の授業を受講するだけでなく，少人数の学生が教員の指導のもとで専門分野におけるテーマについて発表し，互いに議論する演習形式のゼミナール（＝「ゼミ」）に参加することだろう。確かに，高校までででも主体的・積極的な授業参加が求められており，みなさんは，グループ・ワークはお手のものかもしれない。しかし，歴史学を専攻して入学した学生は，はじめてゼミに参加するとき，いざ，何をどう発表してよいかと，戸惑う人も少なくないのではないだろうか。ここでは，ゼミ発表の準備で注意したいこと，必要なことを考えてみたい。

1．歴史学ゼミの三つのかたち

　一般に歴史学のゼミは，だいたい次の三つのいずれかのかたちで進められているのではなかろうか。①史料の読解（外国史の場合は，外国語文献の読解），②専門領域で注目される日本語の文献・研究論文をテキストとした講読・発表・議論，③卒業論文に向けた個々人の興味・関心にそくした自由発表・質疑応答。
　ちなみに私の場合，長年，学生たちとゼミを進めてきたが，①の史料の読解（外国語文献の講読）の機会はほかにあるので，いわゆる「ゼミ」は，学期の初めに学生たちと話しあって②と③を組み合わせるかたちで行っている。ここではその経験に立って，とくに②の発表の仕方を考えてみたい。といっても，「研究論文・研究書の読み方」についてはすでに読んでもらっているので（第7章），むしろレジュメ（発表の内容を要約したもの）の作成を軸に見ていこう。

2. 発表・議論の場としてのゼミ

　ゼミは，私たちの歴史研究にどのような意味をもつのだろうか。歴史学の勉強を始めてから，みなさんは本書で見てきたように，歴史学の研究方法を学び，概説書，研究書，研究論文を読み始めた。ゼミは，その自己研鑽(けんさん)で身につけた知識，歴史学の考え方，具体的な研究テーマを，教員のアドバイスを受けながら学生同士で発表しあい，議論を交わし，自分のとらえ方を鍛える貴重な「場」となる。自分の発表の順番になったときには，入念に準備してゼミを盛り上げたいものだ。

　発表の準備で不安なことは何だろう。私のゼミの学生に尋ねてみた。Nさんは言う。「研究論文を読んで発表するときに，著者の問題関心，論文のテーマを自分が正確につかめて発表しているか，不安になる」。また，Rさんは，「研究論文の内容をまとめるとき，どの部分も大事なことに思えて，レジュメを書いているうちに分量がどんどん多くなってしまう」と話してくれた。

　他方，多くの学生・教員にとって悩ましいのは，発表の後に，なかなか発言がなく，「沈黙の時間」が流れるときだ。そうなると，教員は居たたまれず，話し始めるが，それは，時として学生の話す機会がますます減ってしまうというジレンマに陥りかねない。そうした課題を念頭に，ゼミ発表の準備を具体的に考えてみたい。

3. ゼミ発表に向けた準備／ゼミ発表のレジュメづくり

　一般的なレジュメ作成に必要なことを順番に列挙してみたい。
　【レジュメの分量】
　A3ないしはB4判相当で2枚程度のレジュメを用意する。パンデミックを経た今は，どの大学でも，レジュメは紙媒体ではなく，オンラインでアップロードやダウンロードすることが一般的だろう。

図1　レジュメ例

> 松本彰　『記念碑に刻まれたドイツ―戦争・革命・統一』東京大学出版会，2012年
> 第3章　第一次世界大戦と戦没者の記念碑―現代の三十年戦争（1914～1945）その1
> 【報告者】学生番号　○○　○○

1) 本章の問題設定／問題意識
・第一次世界大戦＝国民すべてが戦争に参加する「総力戦の時代」の始まりとなる戦争
・戦いは4年間／人びとに「人類最後の日々」を実感させた（ヨーロッパにとって予想もしていなかった戦争）
・第一次世界大戦の1100万の死者＝のちの第二次世界大戦の5400万人よりも大きな衝撃を与えた
　→　しかし，第一次世界大戦のおよそ20年後にはヨーロッパはより激しい世界大戦の波に巻き込まれた
本章の課題＝その問題を考えるために，第一次世界大戦がどのように記憶され，記念されたのかを考察する

2) 内容紹介
第1節　二つの帝国の崩壊
・第一次世界大戦中ドイツ：「1914年の理念」を武器に国内の戦争支持を取り付けていく←戦争の現実は悲惨
・第一次世界大戦敗戦：　人々は「文明に対する文化」理念のための戦争における敗北を受け止められなかった
　　→「背後からの一突き」伝説などを宣伝＝自己を正当化／あるいは戦争を「人生の最も幸福な時代」とする
　　→ハワード：「これが第一次世界大戦の20年後になぜ再び戦争に巻き込まれることになったのかという問い
　　　に対する一つの解答ではないか」と指摘
・「4. クフシュタインの英雄オルガン」：著者はこの時代のドイツとオーストリアの関係を象徴する記念碑として紹介
　　→この楽器＝第一次世界大戦で戦死したドイツ・オーストリア両軍の兵士を英雄として讃えるために作られた
　　→しかし，この後に引用されている『人類最期の日々』は，「死」が容易に美化される皮肉を表している～

第2節　第一次世界大戦と「無名兵士の墓」
・第一次世界大戦＝「国民国家の時代」の頂点であり，それを象徴するもの＝「無名兵士の墓」→2つのタイプ
・一つめ＝首都に設立されるもの
　これはイギリスとフランスで同時に生じ，さまざまな国民的祭典の焦点となった
　イギリス：「セナタフ」と呼ばれる記念碑＝宗教を超えた「国家のための死」を象徴するもの
　フランス：パリの凱旋門に，「無名兵士の墓」そして「永遠の火」が置かれた
　イタリアのローマ，ポーランドのワルシャワ：墓地がつくられていった
・二つめ＝戦場の「無名兵士の戦争墓」：戦没兵士は戦時には臨時に埋葬→戦後各地の兵士墓地に改葬
　最大の激戦地フランドル：国民国家ごとに兵士墓地　彼らの「名前」は故郷の記念碑や教会の記念碑にも刻ま
　　　　　　　　　　　　れ，永遠に記憶　⇒第一次世界大戦後，フランドルの人びとは「ノーモア・ウォー」を
　　　　　　　　　　　　掲げ～1962年「ノーモア・ウォー」が四つの言語で刻まれた
　ヴェルダンの兵士墓地：独仏両国の首脳の和解の場になる～大きな意味～

第3節　ドイツとオーストリアの戦争墓と栄誉の碑
・ドイツとオーストリア：首都に「記念碑としての無名兵士の墓」が建てられることはなかった

- →各地に「栄誉の碑」「戦士記念碑」と呼ばれる記念碑が建てられた
- ラングマルク・ドイツ兵士墓地」
  1950年代：第一次世界大戦のすべてのドイツ人戦没兵士をラングマルクなどの大きな墓地に集合させる
    →現在ラングマルク兵士墓：4万4061人のドイツ兵士が眠っている
      1971年墓碑銘：1984年に名前が明らかになった兵士の名が銘板に掲げられた
- ドイツ，オーストリア：各地に「栄誉の碑」が建てられた
  ドイツ，オーストリア各地における特徴的な栄誉の碑～
- ベルリンとミュンヘン～簡素な「栄誉の碑」／ミュンヘン～バイエルンの兵士の記念する碑が建てられた
- ウィーン～対トルコ戦争，対フランス戦争などと並んだ記念碑が現在も置かれている
- ブレーメン～「ドイツ植民栄誉の碑」と呼ばれる，かつてのドイツ植民地出身の兵士を記念している碑
- ベルリン～第一次世界大戦に協力し，1万2000人の死者を出したユダヤ人の記念
  （しかし，ユダヤ人は戦後「背後からの一突き」をした「裏切者」として非難される）
- タンネンベルク記念碑＝「国民の記憶」にとって最も重要（ヒトラーは総統になったのち，大統領の葬儀を行う）
  →1935年ヒトラーは「タンネンベルク記念碑」を正式に「ライヒ栄誉の碑」と定めた
  →しかし，1945年1月この碑はドイツ軍により爆破～国民記念碑の時代は終わる

3）疑問点と考察
本章では，第一次世界大戦における記念碑について述べられている。以下，私の疑問点をあげてみたい。

● 記念碑のタイムラグについて
　具体的にはローザ・ルクセンブルク記念碑とラングマルク・ドイツ兵士墓地についてである。ルクセンブルクの記念碑に関しては，1987年に本文で紹介されたものがつくられている。ただこの後，ベルリンのローザ・ルクセンブルク広場に新たな記念碑を作る計画に対し，いわゆる「記念碑論争」が繰り広げられた。また，ラングマルクの墓地に関しても，戦後50年以上経ってから墓碑銘が，60年以上経ってから名前を刻んだ銘板が作られている。このタイムラグは何なのだろうか。ナチスの「過去の克服」がクローズアップされる中，第一次世界大戦の記念碑への関心が高まったのだろうか。

● 「無名兵士の墓」の位置づけについて
　「無名兵士の墓」については，第2節でアンダーソンや，それを批判する渡辺氏の議論が引用されている。私には，アンダーソンの議論のほうが当時の「熱狂」をよく表しているように感じられてしまった。ただ松本氏は渡辺氏が紹介したアメリカで「記念碑としての無名兵士の墓」の死体がDNA鑑定によって個人が特定され墓から出されたという事件を，戦場の「無名兵士の戦争墓」と首都の「記念碑としての無名兵士の墓」との関係につなげている。渡辺氏の文献を読めていないせいもあろうが，この関係性がうまくつかめなかった。疑問を解消したい。

【レジュメの内容】

(1) タイトル，著者名

論文集の場合には，論文のタイトルだけでなく，その本全体の題名，雑誌論文の場合には，その雑誌名も明記する。それは，どのような位置づけにある論文なのかを考えるうえで欠かせない。著者については，どのような研究をしている研究者なのかを紹介できると，その論文を理解する手がかりになる。

(2) 論文の問題設定（問題意識）について

論文などでは，「はじめに」などで著者の問題設定，問題意識が示される。それを読みとって，最初にレジュメに示そう。Nさんも気にしていたように，ゼミの議論のうえで，最も重要なことだ。

(3) 内容紹介

多くの学生は，レジュメの大部分を内容紹介に費やす傾向にある。むろん，内容を要約し紹介することは重要な作業だが，しかしゼミは全員があらかじめ文献を読んできていることを前提にしているので，細かく紹介する必要はない。また研究者の研究成果でもある文献を正確に細部にいたるまで紹介できるわけでもない。Rさんは，内容紹介がついつい長くなることを気にしていた。できるだけポイントを絞れるように，文章にまとめようとせずに，思い切って章ごとに論点を列挙してみてはどうだろう。

その際，自分が内容をよく理解できなかった点，疑問に思った点があれば，その都度，「→」などのマークをつけるなどして，「要点」の部分に付け足してもよいかもしれない。このように，発表者が大事だと考えた部分をレジュメに示せば，それがのちの議論の「道標」になっていく。

内容の理解を深めるために，参照できる地図などがあれば，用意することもよいだろう。とくに外国史の場合，論文中の地名の確認には苦労するからだ。

(4) 考察・批評・論点提示

最初の著者の問題意識に立ち返りながら，「結論」をまとめてみる。その際，自分にとって「わかったことは何か」だけでなく，「理解できなかった点

は何か」を考察してみたい。「考察」は，たんなる「感想」ではない。しかし，最初からりっぱな「考察」を示すことができるわけでもない。まずは，「感想」であっても，自分がどのように読んだのかを，ほかのゼミの参加者に伝えることから始めてみよう。そこに，少しずつ自分の「疑問点」を加えていくと，それがやがてりっぱな「考察」となって示されていく。このようにして，のちの議論の論点が増えていく。

4. 議論を広げる次のステップ

　このようなレジュメに基づく発表の後，参加者同士の議論が始まる。まずは，発表者の用意した「論点」を軸に疑問点を出しあい，議論は，やがて発表者の考えつかなかった問題にもおよぶ。議論をさらに前へ進める方法としては，たとえば，発表者が担当した論文等で著者が引用している参考文献などに事前にあたっておき，そこで示される「事実の認識」や「観点の相違」をレジュメの「考察」部分などに盛り込むやり方もある。それによって，ゼミの議論の幅を広げるだけでなく，著者の主張を突き放して見る視点も盛り込めるかもしれない。私たちのゼミでは，つねにではないが，意欲のある学生は，関連する文献のいくつかをあらかじめ入手して，これらをがんばって読んできて，発表の「考察」をまとめる際に利用している。参考として私の大学のゼミのかつての学生Kさんの発表レジュメを掲載した（図1）。
　ぜひとも活発な議論の「呼び水」になることのできるような「レジュメ」を作成して，プレゼンテーションの技を磨いていこう。

（川手圭一）

コラム5 「慰安婦」問題とジェンダー

　みなさんは「慰安婦」という言葉，聞いたことがあるだろうか。学校で教わったことはないがメディアを介して何となく……という人もいるだろう。「慰安婦」とは，1930年代から45年の敗戦までに日本軍が駐屯・占領したアジア太平洋の各地につくった「慰安所」で日本軍将兵との性行為を強いられた女性たちのことをいう。第一次上海事変が起きた1932年末，上海ではすでに17の海軍「慰安所」があったことがわかっている。これらが公文書に記録された最初の「慰安所」だ。その設置目的は主に，（1）駐屯・占領地での強かん対策，（2）性病予防，（3）ストレス解消，（4）機密保持（スパイ防止）などと考えられている。

　現在，歴史学研究では歴史用語としてたんに「慰安婦」ではなく「日本軍「慰安婦」」を用いることが広く共有されている。すなわち，計画の立案，設置の指示・命令，女性集めの決定と女性の移送，建物の確保や設営，利用規則・料金や利用部隊の決定，女性の登録と性病検査などの管理・統制，食料・衛生用品の提供等にいたるまで，すべて日本軍が主体的に行っていたことが明らかとなっており，こうした「慰安所」をめぐる日本軍の主体性を鑑みて，日本軍「慰安婦」や日本軍「慰安婦」制度と認識されているのだ。

　日本軍は当初，遊郭で働かされていた日本人女性や植民地だった台湾，朝鮮半島の女性たちを各地の「慰安所」に送り出したが，戦域が拡大するにつれて日本軍が展開する現地の女性たちをも「慰安婦」にした。こうして，日本・台湾・朝鮮のみならず中国・フィリピン・インドネシア・オランダ・東ティモール・マレーシア・タイ・グアム・ビルマ・ベトナムなど，日本軍が駐屯・占領したアジア太平洋のあらゆる地域の女性たちが広範囲にわたって「慰安婦」とされ，日本軍の性暴力の被害者となったのである。

　「慰安所」や「慰安婦」は，かくして従軍経験のある男性ならば誰もが知る，戦場では「当たり前」の存在だった。兵士にとっては「当たり前」で看過されてきた存在が，女性に対する戦時性暴力として被害者の視点から「問題視」されるのは，1991年，韓国の元「慰安婦」被害者金学順（キムハクスン）の「名乗り

出」からだった。彼女が名乗り出ることができた歴史的背景には，1980年代の韓国の民主化とフェミニズム運動が獲得した女性の人権意識の向上がある。「慰安婦」制度をめぐるこうした認識枠組みの大転換によって，日本軍「慰安婦」研究はようやく端緒についたのである。

　さらに1990年代初頭は，旧ユーゴスラヴィア，ルワンダ紛争下の女性に対する壮絶な性暴力の実態が国連の調査活動を通して明らかになるなど，戦時下あるいは内戦下の性暴力が「戦争犯罪」や「人道に対する罪」であることが広く世界で認識されていく時代でもあった。このように女性に対する性暴力の国際的関心が高まるなかで，日本軍「慰安婦」制度は，「アジア女性基金」(1995年)や「日韓合意」(2018年)を経てもなお，否，これらは被害者の存在を軽んじた政治的妥結であったからこそ，いまだ日本政府による真摯な謝罪がなされたとはみなされず，国際社会の場では「克服されない過去」として理解されている。

　日本軍「慰安婦」制度は，いうまでもなく女性の人権を蹂躙した問題であり当時の国際法にさえ違反する犯罪行為でもあったが，強制的に徴兵されたあげく休暇制度もないまま転戦を繰り返し長期間家族と離れることを余儀なくされた兵士にとっては，許された数少ないストレス解消＝「慰安」の方法であり，そうした意味において，男性の人権や人間性をも剥奪した制度でもあった。

　「どうせ死ぬんだ」「(死ぬ前に)一人前の男として」と自暴自棄になった兵士たちの多くが地元女性を強かんしたことから，強かん対策やストレスのはけ口として「慰安所」はつくられた。日本軍「慰安婦」制度はまさに，日本軍，そして公娼制度が許容されていた当時の日本社会に深く浸透していたジェンダーが透けて見える鏡だともいえよう。

　そして，現在においても日本軍「慰安婦」問題をめぐる，「必要悪だった」とか「金をもらった売春婦だった」といったマジョリティ言説は，この社会のジェンダーを否応なく反映している。つまり，歴史学により明らかにされた日本軍「慰安婦」制度／問題を通して，過去のみならず日本社会のいま――人権軽視の実態とジェンダー――を見つめ直すことができるのだ。

※日本軍「慰安婦」制度／問題をより深く知りたい人は，専門家たちが立ち上げたウェブサイト「Fight for Justice」(https://fightforjustice.info/)をぜひとも参照されたい。

(本庄十喜)

第Ⅲ部

歴史学を身につける
研究への橋渡し

第10章
歴史学の概念とは何だろう

　第Ⅱ部「歴史学がわかる」では、「概説書を読んでみよう」「どうしたら研究書を読めるようになるのか」ということを考えてきた。ゼミに参加するようになって、研究を始めようというとき、多くの学生が直面することは、「いったい何をしたらいいか、わからない」「テーマが見つからない」ということではないだろうか。確かに、テーマが見つかれば、その先の作業ははっきりとしてくる。だからテーマを見つけるために、講義を受講し、興味を引かれる本を読み、ゼミに参加してそこでの議論についていこうとする。

　では、おもしろそうな問題に出会ったとき、そのなんとなく漠然と抱く興味や疑問をどのように歴史学における「研究テーマ」へと発展させて、研究を進めていけばよいのだろうか。その道筋を考えるとき、忘れてならないことは、歴史研究の対象が、現在私たちが生きる社会とは異なる時間と空間のなかに存在したものだということだろう。そうした研究対象を見定めるために必要となるのが、「時代区分」や「歴史学の概念」なのだ。ここでは、まず、歴史学関連の文献を読むとき、そしてそれをふまえて自分で文章を書くときに用いるさまざまな「用語」の問題を考えることから始めてみたい。

1. 歴史学の概念とは？——歴史研究に登場するさまざまな「用語」を考えてみよう

　現在の大学では、学期末試験の答案やレポート作成以外にも、授業ごとのリアクション・ペーパーや小テストなどを通じて授業に関する意見などを求められる機会が増えている。だがそんなとき、自分の書く文章に登場する（させる）人びとをどのように表現すればよいかと、困ったことはないだろう

か。まずは，そこから考えてみたい。

　人びとを集合的にくくる用語には，どんなものがあるだろうか。たとえば，「民衆」「大衆」「平民」「下層民」「労働者」，あるいは「市民」「国民」「民族」「人種」……。少し思いつくままに，似たように思われる言葉を並べてみた。みなさんは，このような言葉が歴史学においては明確に使い分けられているという前提で，文章を作成しているだろうか。

　一つ事例を示そう。先日，私の大学のゼミで南塚信吾・秋田茂・高澤紀恵（責任編集）『新しく学ぶ西洋の歴史――アジアから考える』（ミネルヴァ書房，2016年）を学生たちが講読・発表したときに，次のようなことが疑問として出され，議論となった。それは，第一次世界大戦に関する部分なのだが，「大戦は歴史の主役を19世紀の「市民（ブルジョワ）」から，現代的「大衆」へと変貌させた」という記述をめぐって，19世紀の「市民」と現代的「大衆」とはどのように異なるのか，という質問だった。同じゼミの場で，もう一つ同様に問題になったのは，19世紀のイギリスに関する記述において，「19世紀前半の大きな特徴は，この「階級」という言葉が世界にさきがけて広く流通するようになった点にある」という箇所だった。これはどのようなことを意味するのかという疑問だったが，それは，すでになんとなく知っているし，自分でもレポートなどを書く際にもよく使う「階級」という言葉が，ある時代・地域の歴史的背景のなかから生成されてきたことに気づく瞬間だったように思われる。

　このように大学の歴史学の講義，あるいは文献のなかで使用されている「言葉」や「用語」がどのような意味をもっているのかを考え，そのうえでこれを用いることは，歴史研究に必要な「歴史学の概念」を理解する第一歩となり，自分の研究を進める際にも大いに役立つことになろう。

　ところで，ここまでの事例から気づいただろうか。私たちが歴史学において用いる「言葉」や「用語」には，それぞれ時代のなかで「同時代」に用いられたものもあれば，後世を生きる私たちが歴史を分析するために用いる「分析概念」もある。他方，歴史のなかで用いられる「言葉」や「用語」は，いつも同じ意味を有するわけではなく，それぞれの時代で異なる意味をもつ

ことがあり，じつに多義的でもある。あえて分ければ，次のようになる。
　①歴史のなかで同時代的に用いられる「言葉」「用語」。しかし，それぞれの時代で異なる意味をもつこともある（多義的）。
　②後世の歴史家が研究対象の歴史を分析するための「分析概念」としての「言葉」「用語」。これらは，その対象とする時代に存在し使われたものではない。

以上を念頭においたうえで，論文やレポートでよく用いられる「言葉」「用語」を手がかりに「概念」の問題を考えてみたい。

2.「市民」概念を考える

最初に，それぞれの時代に多義的に用いられた「市民」という言葉に注目して，私たちが日常においても使うこの言葉が，歴史のなかでどのように生まれたのか，そして歴史研究においてはどのように「歴史学の概念」として用いられるのかを見てみたい。

ここで恐縮だが，再び私の大学のゼミの学生に登場してもらおう。このゼミでは，先ほどあげた『新しく学ぶ西洋の歴史』を読み終えた後，自分たちで話しあって，立石博高・篠原琢編『国民国家と市民──包摂と排除の諸相』（山川出版社，2009年）をテキストに取り上げ，講読・発表することとなった。だが，2・3年生にとっては，そもそも「国民国家」の「国民」と，「市民」という二つの概念が，どのような関係にあるのかがよくわからないようだった。学生自身の疑問の声，あるいはこれについての理解をそのまま紹介しよう。

- 「市民という概念が漠然としていて一貫した意味があるかどうか，よくわからない」
- 「市民は，18世紀以降の革命等で登場した新しい国民のかたちなのかな？」
- 「市民は，自分たちの意識としての集合体。国民は，国家という枠をもった集合体」

- 「国民＝その国家に属する者。市民＝国民のなかで参政権等の市民権を獲得している者」
- 「市民が有産階級で，国民は国内の全員をさすくらいの認識です」

　この学生たちの疑問・理解は，個々の点ではかなり的を射たものとなっている。後は，歴史の変遷に据えて，体系的に考えてみれば，これを概念として用いられるのではないだろうか。一つ注意しておきたいことは，外国史の場合，原語（外国語）と，これを日本語に置き換える際に，翻訳上の問題が生じることだ。これは，大変やっかいだが，その問題にもある程度留意しながら，考えていくこととしたい。

　「市民」という言葉は一般的には，まずは「〇〇市」の「〇〇市民」のような意味で，「住民」とほぼ同義的に，つまりニュートラルな言葉として使われるだろう。もちろん，それほど単純ではない，と反論されるかもしれない。高校までの社会科・公民教育のなかでも，「主権者」としての「市民」について学ぶ機会は多いし，たとえば「市民運動」というときの「市民」には，このような主権者としての立脚点が強く打ち出されていることには容易に気づくことができる。では，次に「市民」概念を歴史的にたどってみよう。

近代以前の「市民」概念

　高校の世界史教科書にも広く記述されているように，「市民」概念は，古代ギリシア・ローマの時代にまでさかのぼる。古代ギリシアの「市民」とは，都市国家ポリスにおける存在であり，アテネの例が示すとおり，土地所有者であり，戦士であり，経済活動に従事しない者，そして民会を通じて政治に参加する成年男子だった。言い換えれば，女性・奴隷・外国人などそれ以外の者は，「市民」たりえない存在だった。

　一方，古代ローマでも，もともと都市国家として始まる共和政ローマ以来，参政権などの特権を有する「市民」が存在したが，その「市民」権はローマ法のもとにあり，ギリシアのポリスの場合とは異なり，ローマ帝国の拡大とともに，認められる対象者は広がっていった。その意味で言えば，「都市」と直接に結びつくギリシア・ポリスの「市民」とは，様相を異にしてい

たとも言えるだろう。

　これに対して，中世ヨーロッパを迎えると，11世紀以降の都市の成立とともに，そこに生きる自由民としての「市民」が出現した。ヨーロッパ中世都市の「市民」は，古代ギリシア・ローマの「市民」が，奴隷などの「非市民」の労働によって生きていたのとは異なり，圧倒的多数が自ら働く商人・手工業者たちであった。こうした「市民」の権利は，多種多様であり，都市によっても異なったが，「市民」権の前提になったのは，都市のなかに，土地と家を有していることだったと言える。その家のなかでは，「市民」が主人であり，家族や奉公人は，彼の支配と庇護のもとにあった。また「市民」権を有していない居住民は，都市に永続的に居住し，働いていても，「市民」ではなかったのであり，いわんや，都市のなかの「一時滞在者」は論外だった。このような「市民」によって，多くの都市が，領主の封建的支配を受けない自治権を獲得して，自治都市となっていった。

　しかしながら，17世紀に入り，ヨーロッパにおいて王権による「主権国家」が成立したことは，都市における自由な存在としての「市民」にも，大きな変化をもたらす契機となった。少なくとも，そこでは，強力な「国家」権力と「市民」との関係性が問われることになったと言える。その際，注意すべきは，君主の支配する国家の一員が，「市民」ではなくその「臣民」だったことである。たとえば，日本で考えてみても，戦前の大日本帝国憲法に登場するのは，天皇の「臣民」だろう。

近代以降の「市民」の概念

　では，ここからは，フランス革命以降の近代的な「市民」概念について考えてみることにしたい。現代社会を理解するうえで，フランス革命と，そこでの「フランス人権宣言（人間と市民の権利の宣言）」がもった重要な意味は大きい。この「人権宣言」によって，それまで身分制度のもとで「第三身分（平民）」とされていた人びとが，まさに主権を有する「市民」となったのだ。この点で，学生のレポートなどでは，「市民」と「平民」が混乱して使われることがあるが，「平民」と「市民」は，まったく異なる概念であることに注意を

うながしておきたい。

　ところで，そもそも「市民」とは，欧米の言語ではどのように表現されてきたのだろうか。

　話がややこしくなるが，ここからは，日本語の「市民」という言葉だけでなく，この「市民」概念を表す欧米の言語との関係性も視野に入れながら，論を進めてみたい。というのも，日本語の「市民」という言葉は，フランス語で考えると，二つの言葉で表現されているからである。

　これは，次のように説明できる。まず，このフランス革命以後の主権者としての「市民」は，フランス語だと「人権宣言」でも使われている「シトワイヤン(citoyen)」という言葉で表される。19世紀以降の近代ヨーロッパにおける主権者としての「市民」は，理念的には，まさにこの「市民（シトワイヤン）」だった。近代の国民国家における「国家市民（公民）」だと位置づけてよいだろう。

　他方，理念としての「市民（シトワイヤン）」概念の登場を歴史的に確認しつつも，あわせて「市民」とは実際にはどのような存在だったかを考察することも重要だろう。その点で考えれば，フランス革命を牽引した「市民」とは，革命時までの第三身分（平民）のなかの上層に位置した「ブルジョワ(bourgeois)」という階層の人びとだった。この「ブルジョワ」が，19世紀以降の近代ヨーロッパの市民社会においては，社会的・経済的に，そして政治的にも「市民」の実態だったのだ。先の『新しく学ぶ西洋の歴史』において，19世紀の歴史の主役を「市民（ブルジョワ）」としているのは，その意味においてである。日本では，「ブルジョワ」というフランス語もまた，一般的には「市民」と訳して用いられてきている。

　ちなみにこの「ブルジョワ」という言葉をさかのぼれば，先に述べた中世都市における「市民」とは，まさにこの「ブルジョワ」だった。そして，この「ブルジョワ」という言葉は，フランス革命から19世紀においては，経済的に裕福であり，社会的に有力な「市民」層のことをさすようになったのだ。さらに，この「ブルジョワ」は，19世紀以降には，「労働者（プロレタリア）階級」に対抗する「資本家（ブルジョワ）階級」としても広く使われるようにな

っていく。これは、「歴史学の概念」が必ずしも時代を超えて一つの固定的な意味をもっているわけではなく、時代の変遷とともに、その意味もまた多義的に変化していくということの証左となろう。

このように日本語の「市民」概念を考えようとすると、その由来となる原語からの翻訳の問題にまでさかのぼらなくてはならないからやっかいなのだが、さらに複雑な問題がある。いま見てきたように、「市民」概念は、フランス語では歴史的に「シトワイヤン」と「ブルジョワ」という二つの異なる概念によって明確に区別されてきた。これに対して、お隣のドイツ語の場合、「市民」概念をめぐっては、このような二つの異なる概念は存在せず、つねに「ビュルガー（Bürger）」という一つの言葉が用いられてきた。つまり、ドイツでは、この「ビュルガー」という言葉は、19世紀以降の歴史で、社会的・経済的に裕福な階層に属する人びとを表してきたが、あわせて主権者としての「市民」、つまり「国家市民（公民）」と同義の意味でも用いられてきたのである。その意味で、ドイツ語の「ビュルガー」は、フランス語の「シトワイヤン」と「ブルジョワ」の二つの意味をあわせもつ多義的な「市民」概念になっている。このような「市民」概念をめぐるフランス語とドイツ語の相違からは、私たちが用いるさまざまな歴史上の概念がそれぞれの歴史的脈絡にそくして意味を形成してきたということを理解しなくてはならない。たとえば、ヨーロッパの歴史家の「市民」をめぐる比較研究（ユルゲン・コッカ編著［望田幸男監訳］『国際比較・近代ドイツの市民——心性・文化・政治』ミネルヴァ書房、2000年）をひもとくと、「市民」と「市民社会」の発展が、近代ヨーロッパにおいてはいかに多様であったかに気づかされるだろう。

3. 人びとをとらえるさまざまな概念

さて、ここまで見てきた「市民」概念もそうなのだが、歴史のなかで、ある時代の社会の成り立ちを考えようとするとき、そこに生きる人びとをどのようにとらえるのかは、大きな問題となる。ゼミで、「人びとが……」と説明しようとして、先生から「どういう人びとですか」と突っ込まれたことは

ないだろうか。ある時代の，特定の社会に生きる人びとを，社会構成上どのように位置づけるかは，研究を進めるうえで必須の作業となる。

前近代社会では，少なからぬ社会で身分制度が支配していたために，当然ながら，「身分」という観点からの分析が必要となる。とくに，前近代については，「豪族」あるいは「貴族」をどのようにとらえるかについて第11章で詳しく取り上げる。他方，身分制度が否定された近代社会においても，そこには「のっぺりとした」「人びと」がただ存在したわけではなかった。

たとえば19世紀以降のヨーロッパでは，フランス革命後に法的平等を進める社会が新たな社会的・経済的分断や差異・差別を抱え込むなかで，「階級」「労働者階級」といった言葉が生まれてくる。これは，すでに述べたとおり，労働者という存在を，もっぱら「資本家（ブルジョワ）階級」との対抗関係のなかに位置づけるものであり，時を同じくして発展する社会主義思想では，これを主体的存在と位置づけることに社会の発展と変革の可能性を求めた。こうして社会「階級」という観点から，人びとをとらえる概念が登場した。その意味では，「階級」「労働者階級」は，同時代に息づいた歴史上の概念であると同時に，この時代の社会的矛盾に着目して歴史研究を進める研究者にとっての「分析概念」にもなっていくものだったと言える。

他方，社会学の進展と相まって，近現代史の分析概念に用いられるようになったものに，「社会階層」がある。職業や収入，あるいは学歴を指標に入れて，「上層」「中間層」「下層」といったカテゴリーを設け，必要に応じてさらに細かく分析する方法だ。たとえば，かつてのファシズム研究においては，誰が（どのような社会階層が）ファシズムを支持したのかという観点から研究が進められ，社会的中間層がその支持基盤になったとする「中間層テーゼ」が注目を浴びた。

このように見てくると，「社会階級」と「社会階層」という概念は，一見すると同じに見えるかもしれないが，その誕生と使われ方は，似て非なるものであることがわかってもらえるだろう。

ほかにも「大衆」「民衆」「庶民」……，これらの言葉もまた，ある社会のなかの「人びと」を表すものとして，馴染みの深いものではないだろうか。

私の経験でも，学生が試験の解答やレポートなどで，「大衆」「民衆」という言葉は非常によく用いられ，これらはほとんど区別されることなく，「普通の人びと」と同じような意味で使われているように思う。日常語としても新聞などに見ることができる言葉だが，では，歴史学ではどのように使われているのだろうか。

　意外かもしれないが，高校の世界史教科書には，じつは「民衆」という言葉はさほど登場しない。中世ヨーロッパに関して言えば，封建領主のもとにいるのは「農民」なのであり，都市においても，先に述べた「市民」以外には「商人」「親方」の存在が指摘され，これらに対して「職人」「徒弟」などが「下層民」として位置づけられている。「民衆」は，教科書記述では，せいぜいフランス革命期の「パリ民衆」といったようなかたちでわずかに現れる程度だ。これは，逆に言えば，教科書執筆者たちが，「民衆」とあいまいに表現するよりも，限られた紙幅のなかで，できるだけ対象とする「人びと」を職業やさまざまな観点から明確化しようとしている表れとも言えよう。

　むろん，歴史の研究書のなかには，たとえば『ナチス統治下の民衆』というように，「民衆」をテーマにしたものは少なくない。ドイツ現代史に関して言えば，1980年代以来，「日常史研究」というかたちで，「ナチス支配下で「普通の人びと」がどのように生きていたか」は，一つの大きな研究対象となったし，1990年代後半のドイツでは，ナチスによる犯罪，とくに「ホロコースト」に「普通の人びと」がどうかかわったのかも，社会の大きな関心となった。「民衆」が，「普通の人びと」「一般の人びと」を意味するとすれば，当然ながら，その存在もまた歴史研究の対象になるだろうし，これに興味を抱く学生も少なくなかろう。しかし，そこで言う「民衆」とはそもそも誰なのかを見定めなくては，研究を進めることは難しくなる。

　加えて，ここでは，「大衆」についても言及しておきたい。再び高校の世界史や歴史総合教科書を引き合いに出せば，「大衆」という言葉が登場するのは，20世紀以降のところだ。大量生産と大量消費の時代に入り，「大衆社会」「大衆文化」が出現したとされる。20世紀前半に出現した「大衆」を眼前に，「大衆」について論じた著作の一つは，1930年に単行本として刊行さ

れたオルテガ『大衆の反逆』だが，ここでオルテガは，社会を大衆と優れた少数者に分け，大衆の野蛮性を批判している。その是非も含めて詳細は述べないが，これに限らず，「大衆」の描き方については，「エリート」と対比的に論じられることが多い。「大衆」という概念が20世紀の歴史的文脈で登場し，それがどのように使われてきたか，そのことについては，20世紀のもつ「時代的特徴」に着目して考察する必要があるだろう。

4.「国民」「民族」「人種」どんな概念だろう？

　さて，この章の最後に，やっかいな「国民」「民族」という概念，そしてある意味では非常に危うい「人種」という概念について，簡単にふれておこう。これらの言葉は，よく目にするし，みなさんが比較的よく用いる「概念」ではないだろうか。経験上，この四半世紀以上にわたって，「民族問題」「民族紛争」は，学生の卒業論文などでもよく取り上げられるテーマだった。1989年の東欧革命以降，とくにユーゴスラヴィア内戦，あるいは近年のウクライナ戦争などを目の当たりにして，「民族」とは何か，といった問題に関心を抱くのは，自然なことと思われる。

　他方，それ以前から歴史学研究においては，19世紀に誕生して今日にいたる「国民国家」を歴史的にとらえ返そうとする試みが盛んになっていた。その際には近代の国民国家が「一国民，一言語，一国家」といったイデオロギーのもとで「民族的マイノリティ」に対する抑圧と差別を行ってきたことなど，さまざまな問題や矛盾に目が向けられた。また，EC（欧州共同体）からEU（欧州連合）へと深化・拡大するヨーロッパ統合の試みが，この国民国家のありようを別の角度から相対化することにもなった。

　こうしたなかで，「国民」「民族」という言葉は，学生たちにとっても比較的多く接するものだったが，同時に混同され，うまく区別されずに，またその必要もあまり感じずに用いられてきたと言える。何も学生に限ったことではない。その混同される原因については，西川正雄ほか編『角川　世界史事典』の「民族」の項目に，短い文章ながら端的に示されている。それによる

と，再び翻訳の問題になるが，日本語の「民族」にあたる欧米の言語には，英語で言うと，nationとethnic groupがある。日本では長く，「民族」と言うときには，国民国家 (nation state) のネーションを意味してきた。この「国民」と訳すのにふさわしいネーションが，「民族」と表現されてきたのは，「民族」を「国民国家」に行き着くものとして見てきた歴史学の性格に由来する，というのだ。一方，この項目では，文化の共有に基づく集団としての「民族 (エトノス)」についても対比的に述べられている。このように日本語の「民族」という言葉には，複数の理解が入り交じっている。少なくとも，自分で卒論を書くときに用いるのであれば，どのような観点から，何を問題にするのかを，じっくりと考えたほうがよさそうだ。

　他方，「人種」という概念は，歴史的にはきわめて政治的に用いられてきた。そもそも「人種」という概念を構想することそれ自体に，「人種主義」に容易に引き込まれかねない危険性がはらまれている。単語としては存在していた「人種」が普及し始めたのは16世紀になってからだ。その後，分類学的に用いられ始めた「人種」は，19世紀になるとネーション (上述をふまえ，ここでは便宜的に日本語に置き換えずにこのままカタカナで表記する) と結びつけて理解されるようになった。背景には，19世紀のヨーロッパで高揚するナショナリズム運動があったが，そのなかでは言語の類似性を「人種」につなげる考え方も登場した。高校の世界史の教科書の最初のほうに，人類を言語によって大別する「語族」という区分けが出てきて「インド＝ヨーロッパ語族」とか「セム語族」とかを習うが，これが「人種」の区別に入り込んでくるのだ。

　19世紀後半のドイツには，「人種」としての「ユダヤ人」を差別・排撃する政治運動が高まってくるが，こうした立場・運動 (「反ユダヤ主義」) を，広く「アンティセミティズム (anti-Semitism)」と呼ぶようになった。むろん，「ユダヤ人」を，人種としての「セム人」に見立ててのことだ。しかし，もともとユダヤ教という宗教を信じる宗教的一団の人びと (「ユダヤ教徒」) を，「人種」としての「ユダヤ人」とみなすことに，「人種」概念の矛盾は集約されている。19世紀後半のヨーロッパには，この創られた「人種」としての「ユダヤ人」を説明するために「頭蓋骨測定法」，あるいは鼻の形から「ユダヤ人」

を決めつける馬鹿げた方法まで登場した。そして，こうした創造された「ユダヤ人」についてのネガティブなイメージが，本や雑誌，風刺画を通してドイツなどヨーロッパ各地に広まり，「ユダヤ人」に対する誤った理解と偏見を助長していった。

　その先にあったのが，20世紀前半のドイツに現れたナチスによる「ユダヤ人」に対する迫害と，「ホロコースト」の名称で知られる大量虐殺だった。このナチスによって，1935年には「ニュルンベルク法」と総称されるはじめての「人種法」が制定された。そこには，こうある。「祖父母の4人，または祖父母の3人がユダヤ人である者が，「完全ユダヤ人」。祖父母の2人がユダヤ人である者が，「2分の1ユダヤ人」。祖父母の1人だけがユダヤ人である者が，「4分の1ユダヤ人」」。

　しかし，祖父母がユダヤ人であるかどうかは，ユダヤ教の信徒共同体に所属していたか否かで証明された。つまり，こうした規定は，宗教と「人種」の間で明らかにトートロジー（同義反復）だったのであり，あいまいかつ矛盾に満ちたものだった。そして，そのことは，そのまま「人種」概念のあいまいさ，危うさを映し出すものとなっている。

　以上，ここでは，歴史の文献によく出てくる言葉，学生のレポートなどによく使う言葉に着目して，「歴史学の概念」とはどのようなものかを考えてきた。ところで，最後に蛇足を一つ。本書のほかの箇所でもそうだが，私たちは，特定の言葉にカッコをつけて記述する。これは，それらの言葉，用語，概念が，決して価値中立的な言葉ではないことに注意を向ける意図からである。カッコの言葉に要注意，なのだ。ヨーロッパの大学では，同じようにこれを，引用符 Quatation marks（ドイツ語だと Anführungszeichen）でくくり，大学教員は授業中に口頭でこれらの言葉に注意をうながすために，両手で人差し指と中指を兎の耳のように曲げるジェスチャーをする。

　こうした言葉が，歴史学上の概念として固有な意味をもつということを理解し，その使い方に悩んでみることが，みなさんの研究をさらに次のステップへと進めることになるのではないだろうか。

（川手圭一）

第11章

中国史研究から考える概念の重要さと難しさ

　歴史学という学的営為が，過去にまつわる多くの史料に分け入って，そこから歴史像を紡ぎ出すものであることは，本書をここまで読み進めてきたあなたなら，十分承知してくれていることだろう。つまり，検討した史料をそのまま現代の日本語に置き換えるだけの営みでは，史料を「読んだ」ことにはなるかもしれないが，歴史学という学的営為を行ったこと（＝「研究」したこと）にはならないのである。

　「歴史像」を描くためには，もちろんさまざまな方法があろうが，まずは，史料に語られているさまざまな事実や事象を，いったんは抽象化し，現代の言葉で概念化することが欠かせない。

　この章では，中国前近代史を研究していくうえで重要とされるいくつかの概念を手がかりに，歴史学上における概念とは何かを考えてみよう。

1. 概念はなぜ必要なのか

　先に述べたように，歴史学を研究していくうえで，概念化された言葉＝「概念」は，史料上さまざまな表現で現れる歴史事象を，研究者を含む多くの人びとにわかりやすく提示するために不可欠なものである。そうした歴史学上の「概念」は無数にあるが，ここでは，そのわかりやすい例として「郡県制」という概念を考えてみよう。

　郡県制という制度自体は，歴史的な順序としては，大国に滅ぼされた小国のなかのいくつかの邑（当時の黄河流域で生きる人びとの基礎的な集落の名称）を単

位に「県」をおくことから始まり，のちに，その県の上位の機構として複数の県を管轄下におく「郡」が設置されるという経過をたどって，おおむね戦国時代の秦で形成された。秦が，紀元前221年に中国を統一すると，この仕組みをすべての領域に拡大したのである。

つい，郡県制と言うと，統一王朝の治世下，全国の領域をいくつかの郡に分け，その郡をさらにいくつかの県に分けただけの仕組みと考えがちだが，その重要な本質は，郡も県もその長官を含めた幹部は，中央から直接任命されて赴任してくる官僚だったところにある。つまり「郡県制」という言葉には，戦国期以降，前近代中国の諸王朝が採用した中央集権的な地方統治の仕組みという含意があるのだ。「郡県制」ないしは「郡県」と表記することで，多くの中国史研究者は，そこから，前近代中国諸王朝の採用した中央集権的な地方統治の仕組みについて議論がなされていることをほぼ一瞬に了解することになる。いちいち「中央集権的な地方統治の仕組み」などと冗長な物言いをせずとも，「郡県制」の一言で，他の研究者との対話が可能になる。

もちろん歴史学上の概念は，さまざまな位相にあるので，この「郡県制」のようなわかりやすいものばかりではないが，なんとなく概念の有効性は理解してもらえたであろうか。

概念は，史料で用いられている表現を援用してつくられる場合もあれば，史料には出てこない語であるが長い研究の歴史のなかで形成されてくるものもある。これまで，当たり前のように使っていた世界史の教科書などに出てくる言葉のなかには，人名などのように歴史的事実を表すものと，この「概念」が自然に使われている場合とがある。いざ研究，という段階になれば，史料に現れる言葉なのか，概念語なのかをきちんと弁別しながら考察を深めていかなければならないが，そのためにはそれなりの訓練が必要である。

この章では，歴史学における概念の意味を体得してもらうため，もう少し中国古代史から事例をとって，説明していくこととしたい。

2. 漢代の「豪族」

「豪族」についての現代の歴史叙述

　漢代(前漢時代と後漢時代とを総称して「漢代」という。紀元前202年〜紀元後220年。厳密に言えば,「前漢」「後漢」または「漢代」という時代呼称も「概念」であるが,ここでは深く立ち入らない)の中国社会を理解していくうえで,「豪族」と呼ばれる存在を無視することはできない。その存在は,現在の日本の高等学校における世界史教育でも登場する。たとえば,『新世界史』(山川出版社, 2022年検定済, 2023年発行)では,中国・前漢時代の社会のあり方を次のように叙述している。

> 　中国では春秋・戦国時代に氏族制度が崩れて以来、小家族による農業経営が主流となった。「男耕女織」という言葉が示すように、男性は農耕をおこない、女性が機織りをする、という性別分業が典型的な農民家族のあり方だとされた。これらの農民家族は、国家の経済を支える基盤とみなされたが、実際には飢饉や重税のために没落する農民も多く、彼らの土地を買い集める地主や生産物を安く買いたたいて利益を得る商人たちとのあいだで、貧富の差が開いていった。学者や官僚は「農民こそ国の根幹(本)である」とする農本主義の立場から農民の保護や商人の抑制をとなえたが、農民の没落はとまらなかった。富裕者は、土地を買い集め、没落農民を奴隷や小作人として支配下に入れて勢力をのばした。地方長官の推薦による官吏登用法によって、これらの豪族が官界に進出した(43頁)。

　さすがに教科書の叙述だけあって,さまざまな学説に目を配り丁寧に練り上げられた文章である。しかし,注意してほしいのは,この叙述が漢代の中国社会のあり方の説明として「絶対」のものとは限らないということである。この叙述が,いわば漢代中国社会の歴史的理解に対する最大公約数的な

ものであるだけに，研究者によっては「異論」も生じうるということである。実際，この文章を書いている私としても，疑問を呈したい箇所はあるが，ここでは深入りしない。

『新世界史B』は別の箇所でも，

> 王莽（おうもう）は儒教の理想である周代の制度を復活しようと，土地売買の禁止など急激な改革をおこなったため，各地で反乱がおき（赤眉（せきび）の乱など），新はまもなく倒れた。その後，漢の一族の劉秀（りゅうしゅう）が漢を再興し（後漢），皇帝となった（光武帝）。光武帝は，都を長安から洛陽に移し，内政重視の方針をとった。後漢の時期には，民間の社会経済にあまり介入せず，大土地所有や商業活動で富を蓄えた豪族が勢力をのばし，儒教的教養を積んで官界に進出した。しかしその後，このような学者官僚と，皇帝側近の宦官（かんがん）・外戚との対立が深まり，学者官僚に対する弾圧など党派争いが繰り返された（42頁）。

と，「豪族」への言及がなされている。これらの教科書叙述から浮かび上がってくる「豪族」という語で語られる存在は，大土地所有のもと奴隷や小作人を支配下におく経済的に富裕であり，経済活動に並行して儒教的教養を身につけることで官界にも進出する地方の人びとということになる。言い換えれば，これらの役割を漢代史上に果たした社会的な存在が，現在学術的に「豪族」と呼称されている，ということである。このことの意味を，もう少し掘り下げてみよう。

漢代に「豪族」はいたのか

ここまで，漢代の「豪族」について語ってきたというのに，突然「漢代に「豪族」はいたのか」などと問いかけられると困惑してしまう人もいるだろう。だから少しこの問いかけの「こころ」を明かしておこう。それは，現在の中国古代史研究者が漢代の「豪族」と呼んでいる存在は，その時代にも「豪族」と呼ばれていたのだろうか，ということである。

この問いに答えるために，まずは，漢代の豪族の典型的なあり方を今日に伝えているとされる有名な史料の一節を紹介しよう。ここに登場する樊氏という一族は，現在の河南省の南部に位置する唐河県の南（漢代の行政区画で言うと，南陽郡湖陽県）に根拠地を有した「豪族」である。この史料は，後漢の初代皇帝光武帝のおじにあたる樊宏の列伝（『後漢書』樊宏列伝）の冒頭の一節である。なお，史料の原文のニュアンスを伝えたい語については，その原文の記述をそのまま残してかぎかっこのなかに入れてある（〔　〕は引用者の注記）。

　　その祖先は，〔周の時代の伝説上の人物である〕仲山甫である。彼が樊という土地に領地を与えられたことにちなんで，樊を氏とした。樊氏一族は，「郷里」〔湖陽県を中心とする地域〕の「著姓」〔豪族〕であった。樊宏の父の樊重は，字を君雲といい，代々農業生産を得意とし，あわせて利殖を好んだ。人がらはおだやかで規律正しく，他の手本となるようなものがあった。「三世」〔三代にわたって〕「共財」〔財産を共有〕していた。樊重の子や孫が，朝夕に挨拶をする様子はいつも官府でなされるようなものであった。樊重の農業経営の様子を見てみると，何物をも無駄にせず，奴隷に仕事を割り当てて労働させる場合には，必ず適材適所になっていた。そのため樊家の人びとは主人から奴隷にいたるまで力を合わせて働いたので，その財産は年ごとに増えていき，ついには三百頃〔およそ1380ヘクタール〕もの農地を開拓するにいたった。

　この史料からは，大土地所有に基づく農業経営を中心に，奴隷を使役しつつ，その経営規模を拡大していった樊氏の様子がうかがえる。この史料に続く記述では，樊宏が地域の人望を集め，その中心的な立場になっていたことも描かれている。まさしく「豪族」と呼ぶにふさわしい一族である。しかしながら，樊宏列伝では，あくまで樊氏を「著姓」と記していて「豪族」とは記していないことに注意してほしい。じつは，漢代の「豪族」については，史料上「豪族」として記述されている者もいるにはいるが数的には必ずしも多くはない。先ほど見た『新世界史』の説明によれば後漢時代はまさしく

「豪族」の天下なのであるが，その後漢時代史研究の基礎史料である『後漢書』で「豪族」という語はわずか3例しか用いられておらず，そのなかでも特定の一族の説明として用いられているのは1例にすぎないのである。漢代の中国にどのくらい「豪族」が存在したかは，もちろん正確なところはわからないが，現在見られる諸史料から可能なかぎり「豪族」の存在をひろい出した鶴間和幸の研究(「漢代豪族の地域的性格」)によれば，その総数は284であるから，われわれが今日「豪族」と概念化している集団が当時「豪族」と呼ばれることはむしろ例外に近かったことがわかるだろう。その鶴間の研究や，重近啓樹の研究(「秦漢帝国と豪族」)によれば，「豪族」は史料上，「豪姓」「大姓」「豪宗」などと呼称されていたのである。

　先ほどの「漢代に「豪族」はいたのか」という問いかけに戻れば，同時代に「豪族」と呼ばれた人びとはそれほど多くはなかった。現在私たちが，「経済的には独立した生計を営む貧富さまざまな同姓の家々(宗族)が，その中の有力な家(経済的には大土地所有者)を中心に結合し，そうした同姓的結合を中核として，郷里における他の異姓の戸に対しても大きな社会的規制力を及ぼす土着勢力」(増淵「中国古代国家の構造」の論述に依拠した重近「秦漢帝国と豪族」での「豪族」の定義)として理解する存在は，当時の中国各地に(鶴間が言うように地域的な偏差をともないつつ)広範に存在していた。それを私たちは，「豪族」として概念化し，漢代の中国社会を理解する鍵となる存在として，研究を積み重ねてきた，ということになるのである。

概念語としての「豪族」

　そもそも豪族という言葉は国語辞書のレベルでは「地方に土着し，勢力をもつ一族」(『広辞苑』)にすぎない。したがって豪族は，世界史上いたるところに存在していたし，現在の日本であっても，先祖代々ある地方に土着し，いまなお経済的・社会的に大きな影響力を有している家のことを豪族と呼んだとしても，言葉の使い方としては誤りではない。

　しかし，中国史研究の世界にあっては，この豪族という語は，漢代からせいぜい魏晋南北朝時代くらいまでの地方の有力者をさして用いられることが

一般的で、その後の時代は、「貴族」や「地主」「郷紳」などの概念が使われるようになっている。つまり、中国史研究の世界においては、「豪族」と呼称すれば、おおむね漢代を中心とする時代の地域社会の有力者をさすことがいわば「約束事」になっているのである。歴史学上における「概念」とは、おおよそこのようなものであると理解してほしい。

　したがって、歴史学を学んでいくうえでは、言葉をどのように用いるかについては、論文や著書を読む場合も、自分で論文などをまとめる場合にも、十分な注意が必要になってくる。議論を展開するための一般的な表現なのか、漢代の「豪族」のような学界で共通認識ができている概念語なのか、はたまた「豪宗」「大姓」「著姓」などの史料で用いられているその時代特有の言葉なのか、それらをきちんと区別して学び、もしくは語っていかないと、これまでの研究成果を正しく理解することも覚束ないし、せっかく研究した成果を正しく発信し他者（さしあたっては卒業論文を読んでもらう指導教員）に理解してもらえないだろう。それぞれの研究する時代や地域によって、この概念についての共通理解はまちまちである。概説書や論文を学びながら、いわばそうした「約束事」を早くかつ適切に身につけてほしいと思う。

概念とのつきあい方

　しかしながら、研究を進めていくうえでの概念とのつきあい方は、なかなかにやっかいであるし、つきあい方を間違えると研究がとんでもない方向に行ってしまう。ここで論じた豪族に関して言えば、その主要な性格をどこに求めるかで、漢代の豪族のイメージも大きく変わってしまう。中国の研究者・崔向東（さいこうとう）によれば、日本の研究者は、豪族が同姓集団であり、あわせて周囲の農民層を小作人なり奴隷として従属させていく性向を有しているところを強調するのに対して、中国の研究者は何よりも豪族が大土地所有者すなわち地主であるところを強調しているという（崔『漢代豪族地域性研究』）。豪族という概念は、本来その両者の要素が入っているだけに、どの部分を強調するかによって、その姿が大きく異なって見えてくるのは致し方ないのだが、一方豪族は、漢代中国社会を理解するための重要な存在であるから、その理解

が異なれば，結果的にその時代の描き方も違ってくる。ここでは深入りできないが，漢代の豪族に対する日中両国の理解の相違は，結果的に，両国の中国秦漢時代史像の描き方の差異をもたらしているようにも思われる。君たちのなかには，自分の選んだ言葉に自分なりのイメージを込めて好きなように歴史を描こうと，それは研究者の自由ではないかと思う人もいるかもしれない。しかし，第10章でも語っているように，どのような概念にいかなる意味を込めて歴史を描き出すかが，いわば歴史学という学的営為を，たんなる史料の祖述と区別する重要な営みなのである。たかが言葉の問題ではなく，むしろどのような概念を用いて歴史を論じるかが大切なのである。

漢代の「豪族」を用いて，歴史学における概念についてお話ししてきた。では，続いては，中国史における「貴族」や「貴族制」という概念を使い，概念の扱い方によっては，同じ史料を用いて歴史像を描く場合でも，まったく異なった歴史像が現れることもありうるということを紹介してみようと思う。

3. 魏晋南北朝・隋唐時代の「貴族」

「貴族」とは何か

「貴族」についても，先ほどの「豪族」と同様に，『新世界史』ではどのように記述されているかを見てみることから始めよう。

まず，魏晋南北朝時代（後漢が滅亡して，魏・呉・蜀に分裂したいわゆる「三国時代」から，隋が南朝最後の陳を滅ぼして，中国を再統一するまでの時期をさす。220〜589年）の社会状況について『新世界史』では，次のように述べている。

> 中国の帝政時代には，身分の固定性は概して弱く，実力のある人物は庶民出身でも官僚として登用され，支配層に仲間入りできることがふつうであった。しかし，南北朝の時代は例外的に，社会階層が固定化した時代であった。官吏の任用制度は漢代の郷挙里選にかわって，三国の魏から九品中正が始められた。これは地方におかれた中正官が人材を9

等級(九品)にわけて推薦することによって,すぐれた人材の登用をはかったものであるが,結果的に,有力な豪族の子弟のみが上品に推薦されて高級官職を独占することになり,名門の家柄の固定化につながった。このような門閥貴族の勢力は,その後,唐代の半ば頃まで存続した(48頁)。

また,唐代の政治制度を述べた部分では,

隋代に続いて科挙が用いられたが,隋・唐時代には貴族の勢力が強く,科挙による登用は一部にとどまった(53頁)。

と記されている。「(門閥)貴族」が,この時代の中国社会や政治を理解していくための重要な存在であることがわかるだろう。

実際,この「貴族」をめぐる研究は,学界でも蓄積が多く,貴族を書名に掲げた研究書も多く刊行されている。たとえば,川勝義雄『六朝貴族制社会の研究』や中村圭爾『六朝貴族制研究』などであるが,これらは,六朝時代(ちなみに,魏晋南北朝時代,呉・東晋・宋・斉・梁・陳の「六」つの王朝が,長江下流域の建康[現在の南京]に都をおき,長江流域以南の地域を支配したが,それらの王朝を総称して「六朝」と呼んでいる)の貴族制を研究するうえでの必読文献となっている。日本の中国史研究の世界では,「貴族」と言えば,この魏晋南北朝時代から隋唐時代にかけて,高級官職を独占した特定の家柄の人びとをさすことが多い。しかし,たとえば『広辞苑』では「家柄や身分の貴い人。出生によって社会的特権を与えられた身分」と説明されていることからわかるように,歴史上貴族が存在したのは,中国の魏晋南北朝・隋唐時代に限らない。日本やヨーロッパの歴史のなかで「貴族」が活躍した時期は確かにあったし,中国でも,西周～春秋時代にかけて,卿・大夫などと呼ばれた支配層も,その存在は「貴族」そのものである。しかし,中国史研究上の概念としての「貴族」は,やはり魏晋南北朝時代から隋唐時代にかけてのそれを対象にすることが日本の学界では一般的なのであって,それだけこの「貴族」という

概念は研究上特別の意義があるとも言えるのである。

日本の魏晋南北朝史研究における「貴族」概念

　結論を先取りして言ってしまえば，この「貴族」概念は非常にややこしい問題を含みこんでいる。先ほど見た『新世界史』では，「貴族」ではなく「門閥貴族」と記していたはずだ。これは，高校の世界史教科書に，「貴族」とだけ表記することでその「ややこしさ」に巻き込まれることを，避けようとしているように私には思えるのだ。

　日本で「貴族」をめぐる研究が盛んだったのは，じつは1980年代までであった。1970年代に刊行された講談社の『中国の歴史』シリーズの第3巻『魏晋南北朝』(1975年刊行。2003年に講談社学術文庫に収録された)の著者は，「貴族」制研究の一方の旗手であった川勝義雄であったから，その本も，全編が「貴族」の問題で貫かれていた。しかし，1999年に刊行された『岩波講座　世界歴史』(第9巻)の事実上の総論にあたる妹尾達彦「中華の分裂と再生」は，環境史の立場からの魏晋南北朝～宋代史の叙述になっていて，「貴族」やそれから派生した1970～80年代の日本の学界での貴族制にまつわる議論にはほとんど言及がない。2005年に刊行された川本芳昭『中国の歴史05　中華の崩壊と拡大』では，第4章として「江南貴族制社会」が設けられているが，「貴族」の問題は局部的にしか論じられていない。これらは，「貴族」をめぐる研究の現状の反映でもあると言えるが，やはり，「貴族」をめぐる「ややこしさ」にも遠因があるように思えてならない。

　そもそも，中国の学界では，魏晋南北朝・隋唐時代に，高級官職を独占した特定の家柄の人びとのことを，「貴族」とは概念化していない(「士族」「世族」などと呼称されている)。このこと自体が相当に「ややこしい」と言えよう。つまり，「貴族」概念は，日本の中国史研究の世界で独自に発展したものなのである。「貴族」や彼らが構成していた魏晋南北朝時代の中国の政治や社会――それは「貴族制」または「貴族制社会」と概念化される――をめぐる研究の歴史はそれ自体膨大であり，もし興味をもってくれる人がいたら，中村圭爾「六朝貴族制論」を見てもらいたい。

さまざまな「貴族」「貴族制」概念

　中村圭爾が言うように,「貴族」や「貴族制」概念をめぐる最大の問題——言わばややこしさ——のそもそもの要因は,「貴族」という用語が,「中国史研究の学問上の用語と概念であって, 歴史的な実態とかならずしも完全に一致しない」ことにある。以下, 中村圭爾の整理 (中村「六朝貴族制論」) に依拠しながら, この問題について解説したい。

　中村は,「歴史的実態として, 魏晋南北朝時代に政治的・社会的に特定の特権や優越性を世襲的に独占するものが存在したことはほぼ承認されており, それらを貴族と称することは比較的はやくから行われてきた」と述べる。このこと自体に異論を唱える研究者はおそらくいないだろう。しかし, 問題を複雑にしているのは,「貴」という語が第一義的には「高官職」であるにもかかわらず, これまでの研究では, 必ずしも「高官職」でない人物でも「貴族」とされることがあり, その逆もあった (高官職にあっても貴族とみなされない) ということである。

　中村によれば, 当時の史料上, この「貴族」概念に相応する存在を探し求めると, それは,「士」「士大夫」「士族」などと呼ばれた存在にほぼ該当するのだが,「しかし, かれらが当時の貴なる概念に完全に一致するわけではけっしてないのである」。

　これはどういうことなのだろうか。中国の学界が,「士族」「世族」を問題とするときは, 彼らが大土地所有者 (= 広い意味での豪族) であることが前提となるが, 日本の学界ではあまり問題にならない点も興味深いところである。再び中村の言をかりれば,「われわれが今日もちいる貴族なる用語は……歴史的存在と乖離しているのである。にもかかわらずあえて貴族という用語や概念が依然としてもちいられているところにこそ, わが国における貴族制研究独自の問題意識がある。端的にいえば, そこには土地所有を契機とする経済的諸関係や, 官職封爵を媒介とする政治体制上の上下関係以外のなにかに存在の本質的契機をもつ支配層を想定し, それらを中心とした体制に真の中国的世界をみいだそうとする意識がある」ということになるのであろう。

しかし，一読すればすぐわかるように「土地所有を契機とする経済的諸関係や，官職封爵を媒介とする政治体制上の上下関係以外のなにか」とはあまりにも漠然としすぎていよう。必然的に「貴族」という概念の内実は，個々の研究者による理解の差異を生じさせることになったのである。
　その結果，「貴族」概念の不一致は，「貴族制」概念の不一致にも直結してしまった。これまでの「貴族制」理解は，中村によれば，川勝義雄と越智重明に代表される次の二つに整理できるという。
　まずその一つは，貴族制を魏晋南北朝時代や社会全体にわたる体制，あるいは時代や社会を規定する体制であると考えるものである。たとえば，この立場から「貴族制」社会を論じる川勝によれば，

　　貴族制社会は，いうまでもなく漢帝国の統一が崩れたあとの，分裂と戦乱の六朝時代に形成され持続して，さらに唐代にもおよぶ時代を特色づける体制だと考えられるが，そこで政治・経済・文化など，社会のあらゆる面をリードした貴族，または豪族とよばれる社会層は，武人として封建領主化する方向をとることなく，教養をそなえて文人として官僚機構を形成し，これを掌握することによって，その支配体制を維持していった。それは，軍事力を専有する武人たちが領主制の形で貴族階層を形成するヨーロッパや日本の中世封建社会とは全く様相を異にする社会であって，さしあたり貴族制社会という特殊な用語でよぶよりほかにないものである（川勝『六朝貴族制社会の研究』「はしがき」）。

ということになる。ここからは，「貴族制社会」の概念によって，世界史における中国史のあり方を追求しようとした川勝の思いも伝わってくるだろう。
　もう一つの整理の仕方は，貴族制を魏晋南北朝時代のあらゆる歴史現象のうちの一部をさすと考える立場である。この立場による越智の言であるが，これは，

　　要するに，貴族制の歴史的意義は，その外にあるものとの関連，反撥

といったことの追求を通じてより深まるものである。単に貴族制そのものだけをとりあげても展望は開けにくいであろう（越智「日本における魏晋南朝の貴族制研究」）。

というものである。先の川勝の言にあるように，魏晋南北朝時代の歴史を「貴族制」がおおうものとして考えるのではなく，全体の一部として考察しようとするものである。

　この二つの「貴族制」概念は，結果的に平行線をたどって，今日にいたっている。中村の言をかりれば，「二つの貴族制概念は研究者各自の主題や方法に影響を及ぼし，貴族制論争の非常に重要な関鍵であったにもかかわらず，概念の差そのものを議論し，概念規定を統一しようとするこころみはついになされなかった」のである。

　この「概念」理解の分裂は，結果的に「貴族」「貴族制」をめぐる論争を激しいものにしたのであるが，そもそも「貴族」や「貴族制」についての理解が異なっての論争であった以上，その論争が止揚されて，新たな概念の提示などによる研究の展開へはつながらなかったと評せざるをえないようである。

　さて，ここまできて，「貴族」や「貴族制」をめぐる「ややこしさ」について，少しは理解してもらえただろうか。あわせて，歴史学という学的営為が，いわば「概念をめぐる闘争」のような側面をもっていることも伝わっただろうか。史料の裏づけをもちつつ，ある時代の特徴を，的確な言葉で「概念化」し，豊かな歴史叙述を行っていく。これが歴史研究者の日々の仕事の目的であるとすれば，いままさに歴史学を学ぼうとする君たちは，一つひとつの歴史学の作品（論文・研究書・概説書）にこめられた著者の思いを「概念」を媒介にして理解していくことが求められている。そのためには，関心をもった地域や時代の歴史学の作品にたくさん接していくことが近道であることを強調しておこう。

参考文献
越智重明「日本における魏晋南朝の貴族制研究」『久留米大学比較文化研究所紀要』7，1989年（『中国

古代の政治と社会』中国書店，2000年に再録）
川勝義雄『魏晋南北朝』講談社，1975年（講談社学術文庫，2003年）
川勝義雄『六朝貴族制社会の研究』岩波書店，1982年
川本芳昭『中国の歴史05　中華の崩壊と拡大』講談社，2005年
岸本美緒『中国の歴史』放送大学教育振興会，2007年（ちくま文庫，2015年）
崔向東『漢代豪族地域性研究』中華書局，2012年
重近啓樹「秦漢帝国と豪族」『岩波講座　世界歴史』第5巻帝国と支配，岩波書店，1998年
妹尾達彦「中華の分裂と再生」『岩波講座　世界歴史』第9巻中華の分裂と再生，岩波書店，1999年
鶴間和幸「漢代豪族の地域的性格」『史学雑誌』87-12，1978年
中村圭爾『六朝貴族制研究』風間書房，1987年
中村圭爾「六朝貴族制論」谷川道雄編『戦後日本の中国史論争』河合文化教育研究所，1993年（『六朝
　　政治社会史研究』汲古書院，2013年に再録）
増淵龍夫「中国古代国家の構造」『古代史講座』4，学生社，1962年

　　　　　　　　　　　　　　　　　　　　　　　　　　　　　　　　　　　　（小嶋茂稔）

第12章

研究史を知ろう
―― 歴史研究にも歴史がある

1. 研究史整理とは

日々進展する歴史研究

　みなさんは，もう自分のやりたいテーマは決まっただろうか。テーマが決まっていたら，文献や史料を集め，それらの読み込みを始めたことだろう。文献や史料を読み，ある程度の知識や情報が蓄積されてきたら，次のステップは，研究史を整理することである。研究史とは，そのテーマに関して，これまでにどのような方法や視角で研究が進められ，そして何がどこまで明らかになっているのかという，文字どおり研究の歴史のことである。

　歴史学は過去を対象とするが，歴史学の研究は日々新しくなっている。新しい史料が発見され，そこから新しい事実が明らかになれば，通説が覆されることもある。またこれまでとは異なる視点から史料を読み解くことによって，それまで見落とされてきた事実が明らかになるということもある。

　たとえば，「寄進地系荘園」の形成を説明する定番の史料として肥後国鹿子木荘の成立過程を示す「鹿子木荘条々事書」という史料がある。その内容には実態とは異なる部分があることは1970年代から指摘されていたが，1990年代後半以降，「寄進地系荘園」形成の実態を見直す研究が進められ，従来の開発領主を起点とする説明には大きな変更が必要となった。そのため新しい「日本史探究」の教科書ではほとんどが鹿子木荘ではなく別の事例を用いるようになり，「寄進地系荘園」という用語すら使わない教科書も登場

した。

　教科書に載っているから確実だ，間違いない，と思っていても，研究上ではすでに否定され，古い見解であるということも少なくない。そもそも論文というものは，新しい見解を示すために書かれているのだから，論文が発表されればそのなかには何らかの新しい見解が必ず含まれている。そのため，研究を始めるにあたっては，まず，そのテーマに関してこれまでにどのような研究論文が発表され，現在どのような研究状況にあるのか，何がどこまで明らかになっているのか，ということを把握することが必要なのである。

研究史整理の重要性

　研究史を把握し整理することは，論文の出発点となる「問い」を設定するためにも避けては通れない。すでに高校で「日本史探究」「世界史探究」を学んだみなさんは，「問い」を見つけ，「仮説」を立て，それを考察・探究していくという，歴史研究の基本的な方法を学び実践してきただろう。しかし大学での歴史研究で求められるのは，自分自身で「問い」を設定し，自らの「視角」や「切り口」を定め，自ら設定した手順によって実証し，「問い」への答えを導き出していくことである。

　このとき，これまでの研究で何がどこまで明らかになっているのかを把握していなければ，意味のある「問い」を設定することができない。すでに明らかになっていることを「問い」にしても意味はないし，的外れな「問い」や自分の思い込みによる「問い」では，論文自体が成り立たなくなる。その論文を，歴史学の研究として意味のあるものとするためには，先行研究をきちんと理解し，それを整理するなかから，課題を導き出し，自らの「問い」を設定しなければならない。

　だが，論文や研究書を読むのと同様に，研究史の整理というのも，それなりに根気がいる作業で，うまく整理ができず，自らの「問い」をなかなか見出せないということもあるだろう。それでも地道に論文を読み，それぞれどのような視角で，何を問題と認識し，その論文の課題としているのかをつかみ，整理してみてほしい。そういう作業を続けるうちに，どこに批判点があ

るのか，次に何が課題となるのか，どのような視角や切り口があるのかが見えてくると思う。

2. 先行研究の情報を仕入れる

文献リストをつくろう

　では実際に，自分の関心のあるテーマについて，どのような先行研究があるのかを探してみよう。これまですでに読んだ論文や研究書があれば，「はじめに」や「序章」には研究史や論点がまとめられているだろう。それを参考にしながら芋づる式にたどれば，それなりの先行研究の情報が集められるだろう（第13章参照）。これまでに読んだ論文，研究書，そして自分のテーマにそって集めた論文を年代順にリストにし，文献リストをつくるとよい（文献リストに載せる基本情報は第8章参照）。研究書（論文集）のなかには，刊行年は最近でも過去に発表した論文を集めて一書としたものもあるので，とくに長い研究歴をもつ研究者の場合には，論文の発表年（初出）に注意し，その著者の研究年代や研究歴も知っておくと整理もしやすくなる。

　最近では，CiNii Reserch（国立情報学研究所の学術情報ナビゲータ）の情報検索が充実し，論文検索だけでなく，図書，博士論文，科学研究費の研究プロジェクトの情報など，多くの情報を一度に検索できるようになった。このサイトをうまく利用して，先行研究の情報を集めてみよう。とりあえずは，論文や図書のタイトルなどで，関係しそうなものをピックアップしていくことになると思うが，検索では引っかからないものもあるので，これだけで済ますことはできない。

　有用なのは，『史学雑誌』が毎年刊行している「〇〇年の歴史学界──回顧と展望」である。これは前年に発表された歴史研究について，日本・世界の各地域，時代ごとに分け，さらに政治史・社会経済史・文化史などの区分を設けて，研究動向や研究論文・図書を紹介し簡単な論評を付している。注目すべき前年の研究成果はだいたい取り上げられているので，文献リスト作

成には欠かせない。最近のものから年をさかのぼってめくり，自分のテーマに関係しそうな先行研究を文献リストに追加していこう。

　ほかには学術雑誌の特集号なども参考になる。たとえば『歴史評論』という雑誌は，毎月違うテーマの特集が組まれ，関係する論文が5本程度掲載されている。そのときに学界の各分野で多くの関心を集めているテーマなどが取り上げられるので，最新号は必ずチェックし，過去の特集は歴史科学協議会のホームページにも掲載されているので，バックナンバーも調べてみるとよい。少し年代の古いものであっても，その段階の研究動向がわかってきわめて有用である。また『歴史学研究』『日本史研究』などの学術雑誌でも，毎年何号かは研究状況に応じた特集を組んでいるので探してみるとよい。

　そうやってリストをつくっていけば，まずどの論文を読む必要があるかがわかってくるので，図書館に行って図書を借りたり，雑誌論文をコピーしたりして読んでいこう。なお，最近は全文ダウンロードできるオープンアクセスの論文も増えてきたが，簡単に手に入るものが重要な論文とは限らない。査読を経た学術論文を掲載する主要雑誌は，インターネット上での全文公開をしていないものも多いので，面倒くさがらずに図書館へ行って入手しよう。

　このほか岩波講座『日本歴史』『日本通史』（岩波書店），『日本の時代史』（吉川弘文館）など，時代ごとに主要なテーマの論文がならぶ通史シリーズなども参考になる。まずは最新のものを手にとり，そこに引用・掲載された参考文献を手がかりにするとよい。岩波講座『日本歴史』『日本通史』は，1960年代，1970年代，1990年代，2013～16年と，これまでに4度にわたり刊行されているので，同じテーマがどのように論じられているのか，それぞれの年代のものを読み比べてみるのもよい。とくに，どの年代にどのような研究視角で課題が論じられているかに注意しながら読み，整理してみよう。

　また研究史をまとめた書籍や，用語辞典などにも，有用なものがある。参考文献にも主要なものをあげたので参考にしていただきたい。

　このようにして情報を集め，テーマに関係のありそうなもののほか，関係があるかわからないものもとりあえずメモして，文献リストに加えておこう。実際に卒業論文を書くのに使うのはそのうちの一部であろうが，できる

だけ網羅して広く情報を集めておくとよい。そして，入手したもの，これから入手予定のもの，読み終えたものなど，自分なりの記号をつけておく。そして論文を読み進めていくなかで，内容によって分類し，注記をつけるなど工夫していけば，自分だけのオリジナルの文献リストができていくだろう。

だがあくまで文献リストは情報を整理するためのツールにすぎない。重要なのは，どれがそのテーマに関して，また自分にとって重要な論文かを把握し，その一つひとつの論文をじっくりと読み込みながら論点を整理していくことである。第7章を参考にして取り組んでいこう。

3. 歴史研究の歴史をたどる

先行研究整理のコツ

実際に文献リストを作成してみると，先行研究の多さに怯んでしまうかもしれない。先行研究を整理するにはコツがある。第一に，研究の大きな流れをつかむこと，そして第二には，個々の論点を細部にわたり把握していくことである。後者は，自分の問題関心にそくして，先行研究の論点を把握し，整理していくほかないが（しかし自分の主体的な「問い」設定のためには不可欠である），前者の研究の大きな流れについては，あらかじめ戦後から近年までの歴史学の動向についての知識をもったうえで読んでいくと把握しやすくなる。

武士団研究の歴史をたどる

ここでは具体的に，日本中世の武士団研究を例に，歴史研究の歴史をたどってみよう。

下に引用したAは，安田元久『武士世界の序幕』（吉川弘文館，1973年）の一節，Bは石井進『中世武士団』（小学館，1974年。のち講談社学術文庫）の一節である。

　A　10～11世紀にかけて，地方に広範に成長した在地領主が，自衛のための武力を養い，自衛組織として武士団を形成したことはいうまでも

ない。その武士団は，領主の族的結合を中核として結集された戦闘組織であり，はじめは個々に独立した小規模なものであったが，相互の闘争の繰り返しの間に，しだいにより強いものに統合されて大武士団へと成長していった。……在地領主とは，封建社会の形成において，地方の各地に実力をもって農民や土地の支配を作り出していった領主たちであり，しだいに，古代貴族達による支配機構を切りくずし，やがては封建社会の担い手となった階層である。

B　武士団とはいったいなんだろうか。……「戦闘のための武力集団一般」という定義では，あまりに一般的すぎる。だが，「在地領主層を中核とする戦闘的権力組織」が武士団であり，つづめていえば在地領主＝武士であるとする戦後の学界の通説にもまた，われわれがふつう武士に対していだくイメージを十分に包括できない面がのこりはしないだろうか。……

思えば武士とはなんぞや，という問いに対する解答としてはいままでは二通りのゆきかたがあったようである。一つが在地領主論であり，他の一つが職能人論であった。前者は武士の社会的実体を，後者はその職能を問題にしてきたといってもよい。

とりあえず中世武士団とはなんぞやという問いに対しては，弓射騎兵としての戦闘技術を特色とする武力組織で，社会的実体としては在地の土とむすびついた地方支配者であるとみておき，それ以上の点については今後の検討にまつ，ということにしたい。

A安田は，武士・武士団とは，地方から成長した在地領主であり，古代の貴族支配を打ち破り封建社会の担い手となった階層であるととらえている。一方，B石井は，在地領主＝武士とする理解を「戦後の学界の通説」だとし，これとは異なる「職能人論」という見方があると述べている。

AとBとでは，刊行年は1年しか違わないのだが，内容にはずいぶん違いがあることがわかるだろう。実は，Aの安田は1918年生まれ，主要研究は1950～60年代，まさに石井の言う「戦後の学界の通説」を築いた研究者の一

人であった。そのためAの内容は1950年代の安田の基本認識が反映された記述になっているのである。一方Bの石井は1931年生まれ，主要研究は1960年代後半以降，安田より少し世代の若い研究者である。この研究年代の差が，研究内容に大きな差を生んでいたのである。

この間1960年代後半から70年代初頭，武士団研究は新たな研究動向を生み出していた。武士とはたんなる農村から成長した武装集団ではなく，騎馬の弓射を中心とした武芸をもって支配階級に仕える職能人であり，認定された身分であるという見解，Bのなかで石井が言う「職能人論」が示されたのである。Bの本のなかでは，この見解については本文中に佐藤進一『南北朝の動乱』(中央公論社，1965年) が引用されているだけだが，関連論文を調べていけば，戸田芳実「国衙軍制の形成過程」(初出1968年，戸田『初期中世社会史の研究』所収) という論文がその新たな見解を提示した論文であることが探し出せるだろう。石井自身も，関係する論文を1969年に発表している（「中世成立期軍制研究の一視点」『史学雑誌』78編12号）。そして石井Bの著書の後には，髙橋昌明「伊勢平氏の成立と展開」(『日本史研究』157・158号，1975年)，同「武士の発生とその性格」(『歴史公論』8号，1976年) などの論文で，この見解はさらに展開されていくことになる。

AとB二つの本が出た1970年代前半の研究状況は，このように，安田に代表される「武士＝在地領主」とする従来の通説に対して，「武士＝職能人」とする新しい見解が出されはじめた頃であった。石井はそうした研究動向をふまえ，社会的実体(在地領主)と職能という二つの側面を，ともに武士の一側面を示すものとして統一的にとらえようとした。だが，石井自身，それ以上の点は今後の検討にまつとしたように，この段階では，まだ問題提起にとどまっており，それが十分解決されたわけではなかった。

歴史学の大きな流れと武士団研究

ではその後，現在までにこの問題はどのように論じられていったのだろうか。1980年代以降も，武士団研究は日本中世史研究の主要テーマとしてたくさんの研究が発表された。この頃の研究ではとくに「武士＝職能人」の側面

に注目が集まり，武士という身分の成立や都の貴族社会のなかで活動する武士，都鄙を行き来して活動する武士の実像が明らかにされていった。その一方で，在地領主としての側面については，ほとんど論じられなくなってしまった。それは職能人としての武士の実態が多く未解明であったということにもよるが，同時に，こうした武士団研究の動向は，歴史学界の全体的な動向とも関連していた。

　戦後の歴史学の多くの研究の基礎となっていたのは，生産力の発展を基礎とした歴史の発展理論（社会構成体論。第4章3参照）であった。日本中世史の分野でも，その発展理論に基づき，古代奴隷制社会からどのように中世封建制社会へと移行するのかが重要課題として議論されていた。そのなかでとくに武士＝在地領主は，古代社会を崩壊させ新しい時代を切り開いていく主体として注目され，武士がいかに封建領主として人と土地の支配を確立していくかが重要論点となっていたのである。この時期の研究を調べてみれば，「封建制社会」「農奴制」「領主制」という概念をもって研究がなされていることにすぐに気づくだろう。

　しかし，実証研究が進んでいくなかで，1960年代後半から70年代には，封建制社会成立の指標をどう実際の在地領主・農民関係のなかに見出していくかという問題が議論の行き詰まりを見せ始め，武士の存在を在地領主の側面からのみとらえることへの批判も登場してくるようになった。さらに1980年代になると，そもそも日本の領主と農民の関係を，ヨーロッパ封建制社会の領主と農奴の関係になぞらえて議論することや，「封建制」という概念を用いて日本の中世社会をとらえることに対する根本的な批判も出され，新たな視点から社会全体をとらえようとする社会史の研究も登場した。研究潮流は大きく変わっていったのである。

　そうしたなかで武士団研究においても，封建制社会を論じるための武士＝在地領主の研究はほとんど見られなくなり，職能人としての側面から武士の発生や存在形態を追究する研究が進展していったのである。

　こうした歴史研究の大きな流れを知っておくことが，研究史理解には大いに役立つ。永原慶二『20世紀日本の歴史学』（吉川弘文館，2000年）などを参考

にして，少なくとも戦後歴史学の流れは押さえておくとよいだろう。また武士団研究の流れについても，すでにいくつか研究史をまとめたものもあるので参考にするとよい（伊藤「中世武士の捉え方はどう変わったか」など）。

その後の武士団研究

さて，Bで石井が今後の課題とした，二つの見方をどう統一的に理解するか，という問題については，その後の研究ではどうなっただろうか。1990年代には，在地領主が武士化するのではなく，武芸を職能とした武士が在地領主化するのだとする見解が出され（髙橋『武士の成立　武士像の創出』），2000年代以降には，在地領主そのものの存在形態についての再検討が進められ，農民支配・所領支配の側面だけではない地域社会における武士の役割や，交通・流通拠点を押さえながら広域的に活動する武士の存在形態などが明らかにされていった。石井の提起から40年以上を経て，近年ようやく，在地領主という存在自体を新たな視点からあらためて問い直し，武芸をもって仕えるという武士の職能の側面と，在地領主という側面の統一的理解に向けての研究が再出発している。

こうした現在の研究状況を理解し，その論点を正しく理解するためにも，歴史研究の歴史を知り，何がどう論じられてきたのかという流れを知っておく必要があるのである。いまから40～50年以上前の研究と言えば，確かに「古い」かもしれない。しかしそこにも，いまにつながる重要な論点が含まれている。みなさん自身があらためて新鮮な目で，過去の研究を振り返り，新たな問題点を見つけていくことで，研究は進展していくのである。

個別の論点整理

さて，このように研究史の大きな流れをつかんだら，自分が検討しようとする対象についての，個別の細かい論点の整理をしていくことになる。武士団研究であれば，どの武士団を対象とするか，どの時代の武士団を見るか，またその武士団に関してどのような史料が残されていて，何がどのように論じられてきたかなど，さらに個別の論文を集め，読み込んで，論点を整理し

ていく。

　ここから先はとくに，自分の視点で整理をして，論点をとらえ，問題を見つけていかなければならない。一つの史料の解釈をめぐって，さまざまな見解が出されていることもあるだろう。一つの事象について，異なる視点から異なる評価がなされていることもあるだろう。そうしたことを自分の関心にしたがって，整理をしていくのである。

　論文をいくつも読んでいると，ときに，自分のもともとの関心からずれて，読んだ論文の問題意識に引きずられていってしまうことがある。最初は自分の問題意識があまり明確ではないためにそうしたことも起こりやすいが，つねに自分の関心・興味のありかに立ち戻ってみてほしい。先行研究への問いかけ，そして自分自身への問いかけを繰り返しながら，自分のオリジナルの文献リストをつくり，そして自分の視点からの研究史の整理をしていってもらいたい。

参考文献
伊藤瑠美「中世武士のとらえ方はどう変わったか」秋山哲雄・田中大喜・野口華世編『増補改訂版　日本中世史入門』勉誠出版，2021年
岩城卓二ほか編『論点・日本史学』ミネルヴァ書房，2022年
鎌倉佐保・木村茂光・高木徳郎編『荘園研究の論点と展望』吉川弘文館，2023年
鎌倉佐保「中世荘園の成立——寄進地系荘園から立荘論へ」高橋典幸編『日本史の現在3　中世』山川出版社，2024年
木村茂光監修・歴史科学協議会編『戦後歴史学用語辞典』東京堂出版，2012年
髙橋昌明『武士の成立　武士像の創出』東京大学出版会，1999年
高橋修「武士団と領主支配」『岩波講座　日本歴史』第6巻中世1，岩波書店，2013年
戸田芳実『日本領主制成立史の研究』岩波書店，1967年
戸田芳実『初期中世社会史の研究』東京大学出版会，1991年
永原慶二『20世紀日本の歴史学』吉川弘文館，2003年
藤田佳希「武士成立史研究の成果と課題」有富純也・佐藤雄基編『摂関・院政期研究を読みなおす』思文閣出版，2023年
歴史科学協議会編『歴史の「常識」をよむ』東京大学出版会，2015年

（鎌倉佐保）

コラム6　史料と出会う──日本史

　歴史への興味のもち方は人それぞれで，歴史学を学ぼうとするきっかけもそれぞれである。そして，いざ歴史学を学んでみようとしたとき，本書には，まず概説書を読もうとか，論文を読んでみようとか書いてあるが，そのプロセスも，実際には違っていてもかまわない。論文を読むのがどうも苦手ならば，史料を読むことから入ってもよい。論文を読むことにもぜひ挑戦してみてほしいが，それと同時に史料の世界にもできるだけ早くに足を踏み入れてみてほしい。そこには，当時を生きた人びとの生の声が記されており，われわれをその時代へといざなってくれるからである。

　私の専門とする平安〜鎌倉時代頃の史料には，さまざまな内容のものが残されているが，なかでも所領にかかわる権利文書や訴訟・裁判関係の史料が多く残存している。それは，自らの領有の権利にかかわる文書が，武士の家にとっても，寺社などにとっても，非常に大事であり，時代を経て効力が失われても大切に保管されて残されてきたからである。訴訟にかかわる文書には，訴状や陳状（陳述書），判決書などがあるが，これらは一面できわめて論理的な主張や審議・判決がなされている一方で，誇張や駆け引きなどの生々しい一面や，現代とは異なる神仏への観念，風習なども垣間見られて興味深い。活字だけでなく，写真版なども利用すれば，さらにその文書を書いたときの様子まで浮かび上がってくる。訴状の下書きでは，何度も文字が書き直され，推敲されていたり，また譲状などでは，へたな字でも自筆で一生懸命書いたようなものもあったりする。図1の俣賀致家は漢字が苦手であったのだろう，おそらく父からの譲状を傍に置いてそれを見ながら一字一字，自らの手で嫡子への譲状を認めたのであろう。自筆で書くのは，当時の社会のなかで証拠能力が高いものとして重んじられたからである。それがなぜなのかは，当時の社会について調べていくことでわかるだろう。

　一字一字，内容を理解しながらじっくりと読み，写真を見ていろいろなことを考えていくと，その社会のことをもっと知りたくなるだろう。そうしたら，その時代，社会について，文書を残した人びとの周辺をもっと調べ，論

文を探して読んでいけばよい。論文が描き出す世界を、より身近に感じられるようになるはずである。

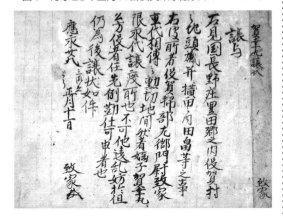

図1　応永29年正月11日俟賀致家譲状（30.7×44.5cm）

さて、当時の人が、何らかの目的のために文書を作成するときには、時と場合と目的に応じて、紙や紙以外のさまざまな物（木、石、布など）が用いられた。紙でもその大きさ、折り方にはさまざまなものがある。戦乱のなかで、密かに伝達する場合には、10センチ四方ほどの小さな紙が用いられる場合もあった。また、未来永劫にわたり菩提（ぼだい）をとむらってもらうために寺院に土地を寄進（きしん）するのに、寄進状を柱に刻み込むこともあった。みなさんは、奈良の元興寺（がんごうじ）というお寺に行ったことはあるだろうか。行ったことはあってもその寄進状に気づいた人はまずいないだろう。今度、奈良に行ったときには、ぜひここに立ち寄って、極楽坊（ごくらくぼう）本堂内の柱をじっくり観察してほしい。角柱、丸柱のいくつかに、鎌倉時代の人が刻み込んだ寄進状が残っている。もうだいぶ見づらくなってしまったが、うっすらと残る刻文に、当時の人びとの思いを感じてもらいたい。

そうした文書の素材や、文字の書き方、見た目といったことも、それが書かれたそのとき、その場面の状況を知るための重要な情報である。文字も、紙も墨も、破損も、虫食い穴も、その古文書がたどってきた歴史そのものである。活字でも、写真でも、現物でも（なかなか現物は見られないが）、じっくりとその内容を読み、観察し、そこから歴史の実像を紡ぎ出す楽しみに出会ってほしい。

（鎌倉佐保）

第13章

研究書・論文を探そう

　大学で歴史学を学ぶ集大成は，君たち自身がテーマを決めて研究に取り組み，その成果を卒業論文にまとめる，ということになる。研究したいテーマが決まったら（じつはテーマを決めるまでが大変なのだ。テーマを決めることについては，コラム8, 9をぜひ読んでほしい），最初にやらないといけないのは，これまで研究されてきたそのテーマに関する論文や研究書（これらをひっくるめて「先行研究」と呼ぶことが多い）を集めて，一つひとつ読破していくことだ。これまでの研究の「到達点」を自分の目で確認して，そのうえで何を研究すべきかを確かめる。先行研究との対話は，研究のスタート段階の重要な作業なのである。

1. ネット検索より，まずは「芋づる式」探索を！

　卒論のテーマを決めるまでに，君たちはさまざまな概説書や岩波講座などに収録された論文を目にしてきただろう。そうした文献には，きっと参考文献が記載されていたはずだ。先行研究を探す旅路は，「自分が読んだ著書や論文の，参考文献リストや注に記載されていた文献を探すこと」から始まるのだ。

　インターネット検索が，ここまで一般的になった現代，なぜ，そうしたアナログな方法で文献を探すのだろう，といぶかしく思う人もいるだろう。確かに，研究テーマがある程度固まったときに，その研究テーマに関するキーワードを，インターネットの検索エンジンに入力して，その結果を一通り確かめながら，研究テーマの可能性を探ることは，職業的研究者でも時折用いる方法だ。しかし，これは，ある意味で「便宜的」なやり方にすぎず，イン

ターネット検索だけで済ますような研究者はいない。それはなぜだろうか。答えは,「インターネット検索で,その研究テーマのすべてを網羅した結果が収集できるわけではない」,「誰でも情報を掲載することができるインターネット上には,価値ある情報ばかりが載っているわけではない」の二つ。もちろん,インターネット上に質の高い研究成果が掲載されていることがないわけではないのだが,現段階では,やはり紙に印刷された論文や書籍こそが圧倒的に先行研究としての信頼度は高い。

　ところで,インターネットで検索をしていると,そのテーマに関連のあるPDFファイルとなった論文が見つかることがある。こうした論文も,もちろん先行研究なのだが,その利用にあたっては注意が必要だ。以前私は,自分のゼミナールで,3年生の参加者に対し,夏休みに自分が将来卒論で取り組んでみたいテーマに関する学術論文を1編探し,夏休み明けにその内容について報告せよ,という課題を出してみた。このときある学生が,研究史のうえでほとんど重要性が感じられない論文を探し出してきたため,私はがっかりした。そこでその学生にどうやって探したのか尋ねてみると,インターネットで見つかったPDFファイルを,ダウンロードしてもってきた,という。そこでようやく私は,インターネット時代の文献検索の落とし穴に気づいた。

　まず,すべての学術論文がインターネット上にPDFファイルで公開されているわけではない。まして刊行まもない研究書がまるまるPDFファイルで公開されているなどということは,少なくともいまの日本ではあまり聞いたことがない。また,インターネット上にPDFファイルとして公開されている論文は,はっきり言って玉石混交なのだ。学術雑誌を刊行している多くの学会は,発行する雑誌の売れ行きにかかわるから,まず公開しない。ではどういう論文が公開されやすいかというと,PDFファイルにしてタダで配っても,何ら痛痒を感じない媒体,たとえば大学や研究機関が発行する紀要と呼ばれる刊行物などに掲載されたものだ。重要なことは,多くの研究者が,自信のある研究成果については,査読制度が完備し,学界で評価の高い学術雑誌に投稿して掲載されることを重視している,ということだ。つまり,PDFファイルになってインターネット上で容易に入手できる研究成果の

なかには，質の高いものは必ずしも多くはない，ということ。言うまでもないが，古い雑誌に掲載された「古典的」価値のある論文は，インターネット上にPDFファイルがアップされている可能性は低い。

　いずれ，雑誌や書籍のかたちで公表されている研究成果が，すべてインターネット上でほぼ無料で手に入る時代が来るのかもしれないが，少なくとも君たちが卒業論文を執筆する頃にはまずありえない。先行研究は，地道にリストを作成し，インターネットを部分的に活用することはあっても，基本は，所属する大学の図書館を徹底的に活用しながら，論文や研究書を収集していかなければならないのだ。

　最初の論文等を手がかりにして，たとえば10本の論文が集まったとしよう。君たちは，第6, 7章ですすめたような方法で，それらの研究を読破していくことになる。先行研究を読んでいく，という作業は，まさに「研究」そのものなのだ。そうして先行研究を読んでいくと，その参考文献リストや注記のなかに，まだ集めていない研究を見つけることになる。そうした研究も，当然，君の先行研究リストのなかに加えなければならない。そうして，再び，先行研究を集め，読み，注のなかに未入手の先行研究を見つけ，また集め，……という作業を繰り返す。そうした作業を進めていくなかで，どの論文でも引用される研究が見えてくるのである。どの論文にも引用される研究というのは，そのテーマを研究していくうえでの必読の文献であり，言い方を変えるなら，君たちの研究によって乗り越えなければならない「目標」となる文献なのだ。そうした文献が見つかれば，自然と，その他の文献の重要さの関係も見えてきて，君たちの言葉で，その研究テーマに関する先行研究をまとめられるようになるだろう。

　こうやって先行研究を集めていくなかで，さまざまな文献とめぐり合うのだが，注意してほしいのは，そうしたさまざまな文献のなかには，研究の観点から見て，とうてい参照に耐えないものもあることだ。たとえば，いわゆる新書のなかには，優れた先行研究に値するものもあるが，とうてい研究者の批判に耐えられない水準のものもある。「玉石混交」の「玉」と「石」とを嗅ぎ分ける力は，多くの文献に目を通していくことでなんとなく身につくも

のだ。そうした労を惜しんで、通読に容易な新書等数点で先行研究の検索を間に合わせることのないよう、心してかかってほしい。

　さて、研究テーマを決めたときに、とりあえず参考にした論文や概説書を手がかりに、このように先行研究を収集していく方法は、「芋づる式」などと呼ばれる。経験的にはこの「芋づる式」で、十分に先行研究を収集することは可能なのだが、やはり抜け落ちる文献がないわけではない。次には、この「芋づる式」を補う方法についてお話ししよう。

2.「文献目録」と「研究動向論文」も有効活用

　「芋づる式」である程度先行研究が収集できた段階で次に行ったほうがよい作業は、文献目録などを手がかりに、自分が収集した先行研究に抜け落ちがないかを確かめることと、研究動向論文などを手がかりに、自分の先行研究理解の当否を確かめることだろう。

　「文献目録」とは、日本史・東洋史などの研究対象ごとに、ある期間に公表された論文をリスト化する目録と、研究分野ごとに対象を絞って作成される目録とに大別できる。前者の代表的なものは、『史学雑誌』に毎号掲載されている「史学文献目録」や、京都大学人文科学研究所附属東洋学文献センターが刊行していた『東洋学文献類目』(現在は書籍としての刊行は行われず、京都大学東アジア人文情報学研究センターのウェブサイトから検索できるようになっている)などだ。後者はいろいろあるが、たとえば私の専門領域に近いものでは、古くなってしまったが『漢代研究文献目録』などが重宝する。研究者の数の多い日本史の領域では、文献目録の目録がつくれるくらい、数多くの文献目録が存在している。「芋づる式」である程度先行研究を収集できたら、重要な文献に抜け落ちがないかどうか確かめるために、こうした文献目録を参照するとよい。

　また、あるテーマに関して、その研究の歩みを整理して論じてくれる研究動向論文もチェックしよう。以前、私自身が執筆したもので恐縮だが、「中国古代国家形成史研究の成果と課題」などといった論題のもので、ある課題

の研究の歩みを俯瞰し、残された課題を明示してくれるものだ。ただ、研究動向論文の著者の見解が絶対というわけではなく、研究主体である君たち自身の力で先行研究の流れをまとめることが大切だ。とはいえ、そうした「まとめ」方を学ぶ意味でも、研究動向論文にはなるべく目を通したい。また、研究動向論文を積極的に特集して掲載する雑誌もある（『歴史評論』や中国史では『中国史学』）。研究書の「序章」などは事実上の研究動向論文になっているから、注意して読んでほしい。

　第12章で紹介した『史学雑誌』の「回顧と展望」という企画は、1940年代の終わり頃から始まっており、1985年までのものは、地域・時代ごとに単行本としてまとまっているので参照に便利だ。それらを利用し、特定の時代・地域について、1940年代後半から近年までのものを通読すると、当該地域・時代を対象とする日本での戦後の研究史を通観することもできる。

　「芋づる式」である程度の文献をリストアップした後であれば、インターネットで検索することで、見落とした文献がないか調べることも、むしろやる価値が出てくる。国立情報学研究所が設置しているCiNii（サイニィ）や、国立国会図書館の文献検索を活用すると、かなりの文献の存在を確かめられる（コラム2参照）。ひょっとすると抜け落ちを防ぐこともできるだろう。ただ個人的には、徹底的に芋づる式でやった成果とインターネットを活用した成果とはそれほど変わらないような気もしている。それは、私自身のインターネットの使いこなし方がまだまだ未熟なのか、インターネットにもまだまだ限界があるのかのどちらかだろう。

　なお、日本の近現代史を研究対象にする場合は、インターネットを効果的に活用することで多くの文献を探索し、さまざまな事象を明らかにすることができるようになった。この点は、小林昌樹『調べる技術』『もっと調べる技術』が大いに参考になる。

3. 大学の図書館を徹底利用

　さて、がんばって、充実した文献リストを作成したら、次は実際にその文

献を集めなければならない。そのために全面的に活用することになるのが，君たちが在籍している大学の附属図書館だ。図書館の活用の仕方はコラム2でも紹介したが，より詳しくは，たとえば井上真琴さんの『図書館に訊け！』などが，ユーモラスに説明しており参考になる。実際に図書館に出向いて文献を探し，わからないことがあれば，積極的にレファレンス係（名称は図書館によってまちまちだが）などのカウンターにいる図書館の職員の方に相談すれば，いろいろと親切に教えてくれるはずだ。臆することなく，先行研究が掲載されている学術雑誌や研究書を探しに，図書館に（もし，所属する大学に，歴史学系の研究室や図書室がある場合はそれらの施設にも）出かけて行ってほしい。

　探している文献が見つかったら，該当箇所を複写したり，複写するのに大部な場合は，とにかく読破し，第8章で紹介したようにきちんとノートにその内容を記録したりしておくことが大切である。なお，複写した場合は，その文献が掲載されていた学術雑誌の名称や巻・号・発行年を忘れずに記録しておこう。いずれその文献を卒業論文で引用・紹介するときには，そうしたデータが必須となる。それから，これは自戒を込めて言うことだが，ただコピーをするとそれだけで読んだつもりになってしまいがちだ。「積ん読」もまったく無意味ではないと思うが，せっかく集めた先行研究，しっかり読まなければ自分の研究は進まないことも忘れないでほしい。

　さて，先行研究を探していると，自分の所属する大学の附属図書館には所蔵されていないものが当然ながら出てくる。そうした場合の対処法を紹介しておこう。探している文献が自分の所属している大学には所蔵されていない場合は潔く，その文献を所蔵している他の大学や研究機関を見つけ出して探しに行くしかない。かつては，自らの所属大学以外に所蔵されている学術雑誌や研究書の探索には，大変な苦労が必要であったが，現在ではインターネットの普及のおかげでずいぶん簡便になっている。君たちの所属している大学の附属図書館ホームページの検索機能を使えば，他の大学や研究機関に所蔵されている資料の検索は容易なはずだ。所蔵先図書館が確認できたなら，その利用方法を確かめ（自分が所属している図書館の紹介状などが必要な場合もある）実際に出かけてみよう。

また，所蔵先が遠隔地の場合には，資料の現物を送ってもらったり，必要な箇所を複写して送付してもらったりすることもできる。送料などはかかるし，現物を貸借する場合には期限も切られるが，高額の交通費を使って遠隔地に赴くよりは経済的なはずだ。そうした手続きは，所属先の附属図書館のレファレンス係に助力を願い出れば，いろいろと助けてくれることと思う。

　研究書・論文を探し，集める作業は地道な努力が必要だし，最初は先行研究の分厚さに途方に暮れるかもしれない。けれど，その作業の一つひとつの積み重ねは，必ず歴史研究の世界に足を踏み入れた君たちの身になっていくはずだ。

参考文献
「史学文献目録」（『史学雑誌』に毎号掲載）
『東洋学文献類目』（京都大学人文科学研究所附属東洋学文献センター，2017年度分まで刊行）
「○○年の歴史学界─回顧と展望」（『史学雑誌』毎巻の5号に掲載）
井上真琴『図書館に訊け！』ちくま新書，2004年
小嶋茂稔「中国古代国家形成史研究の成果と課題」『メトロポリタン史学』8号，2012年
小林昌樹『調べる技術──国会図書館秘伝のレファレンス・チップス』（皓星社，2022年）
小林昌樹『調べる技術──国会図書館秘伝のレファレンス・チップス2』（皓星社，2024年）
史学会編『日本歴史学界の回顧と展望』第1-25巻，山川出版社，1987-88年
早苗良雄編『漢代研究文献目録』朋友書店，1979年

（小嶋茂稔）

コラム7　史料と出会う──中国史

『史記』や『三国志』も史料

　君たちのなかには高校の漢文の授業で，項羽と劉邦が一触即発の対立を収拾するために会見を行い，劉邦が命からがら逃げ帰ったという「鴻門の会」という話を習った人もいるだろう。「鴻門の会」は，司馬遷が編んだ『史記』のなかの「項羽本紀」に出てくる。そこに書かれていることがすべて歴史的事実とは考えられないものの，秦の都咸陽が陥落した直後，「鴻門」で項羽と劉邦とが会見したことは事実とみなしてよいであろう。中国古代史の基本的史料は，「鴻門の会」のようなエピソード的なものも含んで著された，この『史記』のような編纂物なのである。編纂物であるだけに，そこに記載された内容のどこまでを歴史的事実として考えていくか，史料批判は慎重でなければならない。しかし，甲骨文字や竹簡などの出土文字史料に恵まれていればよいが，そうでない時期の研究には，依然，『史記』や『漢書』は重要な史料である。ゲームなどでおなじみの三国時代を研究する場合には，陳寿が編纂した『三国志』が基本史料になってくる。

　中国に限らず，古代や中世の歴史を研究する場合には，こうした編纂史料をじっくりと読み解くことが研究の主体になる。私の恩師は，学生時代，その指導教官から，「卒論の相談に来る前に，『史記』くらいは読み通しておくものだ」と言われたらしい。私のある先輩は，大学3年の夏休みをかけて，『漢書』(全100巻)を毎日1～2巻ずつ読んで，すべて読破したという。幸か不幸か，『史記』や『漢書』には，日本語の翻訳もある。中国古代史の場合，史料との出会いは案外身近にあるのだ。

編纂史料を超えて

　もちろん，中国古代史の研究では，編纂史料以外のさまざまな文献が研究対象になる。たとえば『荀子』『韓非子』など，思想史研究で用いるような文献だ。いわゆる「歴史書」に限定されないで，たくさんの書物に接することが大事だと，これまた私が，学生時代から言われてきたことでもある。

　漢代史研究の古典的名著『漢代社会経済史研究』を著した宇都宮清吉には

「僮約研究」という雄編がある。これは，紀元前1世紀の中国の文人・王褒が著した「僮約」という奴隷売買の契約文書の形式を模したユーモラスな韻文を史料として用い，漢代の農業経営のあり方を追究した研究である。宇都宮は，伝承されてきたさまざまな「僮約」のテキストを比較校合して，より原型に近い本文を確定したうえで，現代日本語のこれまたユーモラスな翻訳を施してから，具体的な研究に入っていく。この研究では，漢代の農業経営は，宇都宮自身が「上家下戸制」と概念化する一種の小作制にあったということを主張し，この時代を奴隷制社会とみなそうとしていた当時の学界に強い衝撃を与えている。

宇都宮の研究のユニークさは，実際にその著書（残念ながら絶版で，古書価も高いので，図書館などで手にとってほしい）で確かめてほしい。「僮約」のような文章を史料として見出し，そこから通説への根本的な疑義を提示した宇都宮の研究手法は，いま読んでも鮮やかである。ただ，注目してほしいのは，実際に読んでもらえばわかるのだが，「僮約」は確かに奴隷売買の契約文書を「模して」はいるが，宇都宮の翻訳が示すように，これは一種の俗謡であり，一見，歴史の史料になりうるようには見えない。しかしそこから当時の中国社会に潜む歴史的特徴を引き出したのはまさに宇都宮の慧眼であり，おそらくは偶然の「僮約」という史料との「出会い」を大事にした結果である。

比較的手に取りやすい『漢書』などの編纂史料と違って，「僮約」のような史料との出会いは簡単ではなく，仮に「出会った」としても見過ごしてしまうことが多い。月並みな言い方になるが，史料と確実に「出会う」ためには，読書量を増やしつつ，目の前の文字列を「史料」として見抜ける眼力をつけていくしかない。

出土史料とどうつきあうか

現在，秦漢時代を中心に，中国古代の歴史研究を進めていく場合に，木簡・竹簡に記された出土史料（出土「資料」と言う人も多い）が重視されている。出土史料は，一次史料としての価値は，当然ながら編纂史料をはるかに凌駕しているし，編纂史料からではうかがうことのできなかったさまざまな

歴史的事実が明らかになる。1975年に湖北省雲夢県睡虎地から発見された「睡虎地秦簡」や，1983年に同じく湖北省江陵県張家山（現湖北省荊州市荊州区郢城鎮太暉村）で発見された「張家山漢簡」などのほか，近年では，骨董商経由で研究機関に収蔵される竹簡（たとえば，湖南省長沙市の岳麓書院が購入した竹簡など，岳麓書院蔵秦簡はその一部の日本語訳も刊行されている）も増えてきており，これらの出土史料を参照しない研究を探すほうがいまや難しいくらいである。

多種多様な中国古代の出土史料の具体的な中身については，適切な入門解説書（『地下からの贈り物——新出土資料が語るいにしえの中国』）もあるのでそれに譲りたい。出土史料との出会いは，それまでの研究を凌駕する新たな知見を獲得する契機になる可能性が高いが，そのためにも編纂史料を用いて研究されてきた従来の歴史像に対する正確な理解が不可欠である。

多様な史料との出会いを楽しみながら，ぜひ，君たちの手で，新しい大胆な歴史像が提起されることを期待したいと思う。

参考文献
今鷹真ほか訳『三国志（世界古典文学全集）』1-3，筑摩書房，1977-89年（ちくま学芸文庫に収録，1-8，1992-93年）
宇都宮清吉『漢代社会経済史研究』弘文堂，1955年（「僮約研究」は第9章として収載）
柿沼陽平『岳麓書院蔵秦簡「為獄等状四種」訳注』上・下（平凡社東洋文庫，2024年）
小竹武夫訳『漢書』上・中・下，筑摩書房，1977-78年（ちくま学芸文庫に収録，1-8，1997-98年）
小竹文夫・小竹武夫訳『史記（筑摩世界文学大系6・7）』1・2，筑摩書房，1971年（ちくま学芸文庫に収録。1-8，1995年）
　中国古代史の基本史料については，次のような日本語訳（一部，漢文の読み下し文もある）がある。
中国出土資料学会編『地下からの贈り物——新出土資料が語るいにしえの中国』東方書店，2014年
吉川忠夫訓注『後漢書』1-10＋別冊，岩波書店，2001-07年
渡邉義浩ほか『全訳後漢書』1-18，汲古書院，2001-16年（別冊は未刊）

（小嶋茂稔）

第14章

外国史の史料を日本語で読んでみる
——ジャンヌ・ダルク関連史料を使って

1. 外国史の史料を読む

「言葉の壁」を回避する

　大学で歴史学を学んでいるみなさんは,「歴史研究には史料が不可欠である」ことはよく理解しているだろう。しかし，西洋史の原史料を読むためには，少なくとも対象地域の言語に加え，古い時代を扱うならラテン語やギリシア語を習得しなければならず，語学の勉強だけで大学の4年間が過ぎてしまいかねない。おまけに史料が読みやすい活字で印刷されているとも限らない。羊皮紙や紙に手書きで記されている場合は，それらの形式や読み方を習得することも求められ，大学院で研究を続ける覚悟がなければ，かなりハードルが高くなる。スポーツにたとえるならば，ランニングやトレーニングに明け暮れて実際に試合をする機会を逃してしまうようなものだ。だからといって，誰かが史料を読んで研究した成果を著した本を読むだけで済ませてしまっては，スポーツ観戦と変わらない（それで満足できる人もいるかもしれないが）。では，語学能力の点で多少準備不足でも自分で「史料を読む」にはどうしたらよいのだろうか。

　まずは「言語の壁」を回避することを考えてみよう。じつはこれまでに日本語に翻訳され，出版されている西洋史の史料は少なくない。なかには編纂

者や訳者による校訂（史料の所在・本文の復元・史料の由来を確定させる作業）が済んでおり，史料として信頼できる水準にあるものもある。絶版で購入できなくなっていても，大学図書館に行けば閲覧できるであろう。ただし，日本語で読めるからといって，その史料を使ってただちに歴史学の研究を行える，と安心するのは早計である。本章では，「史料を読む」とはどういうことか，「史料を読む」際にどのようなことに注意したらよいのか，を考えていきたい。

ジャンヌ・ダルクの生涯

　筆者の専門であるヨーロッパの中世に関して言えば，日本語で読める史料の多くは，『ロランの歌』や『神曲』のような文芸作品である。そうした作品に関しては，中世文学の専門家に任せるとして，ここではジャンヌ・ダルクに関する史料を扱いたい。なお以下では，「イングランド」と「イギリス」はとくに区別せずに用いている。

　史料の話に入る前に，彼女の生涯を簡単に振り返っておこう。ジャンヌの正確な生年は不明だが，百年戦争の最中，1412年頃にフランス王国東部国境付近のドンレミ村で誕生したとする説が有力である。15世紀初頭におけるフランス王国の政治情勢は複雑である。フランス王シャルル6世が精神疾患により国政を担えなくなると，ブルゴーニュ公ジャンが実権を握るが，対立するアルマニャック派（王太子シャルルとアルマニャック伯を中心とする党派）によって暗殺された。ジャンの後を継いだ新ブルゴーニュ公フィリップはイングランド王ヘンリ5世に接近し，1420年5月に両者の間でトロワ条約が締結された。これにより，ヘンリ5世はシャルル6世の娘カトリーヌと結婚し，フランス摂政となり，シャルルの死後は，後継者としてフランス王位を継承することが定められた。この条約で二つの王冠を同一の王が代々受け継ぐことになるため，廃嫡されることとなったフランス王太子シャルルには承服しがたい内容だったが，イングランド側にとっては「最終的和平」であった。

　しかしながら，トロワ条約で想定されていた順序とは逆に，まずヘンリ5世が死去し，幼児のヘンリ6世が即位した。次いで，シャルル6世が死去し

図1 ジャンヌ・ダルク騎馬像（オルレアン市）　図2 ジャンヌの滞在した家（オルレアン市）

た。前述のトロワ条約の規定にしたがえば，ヘンリ6世がフランス王位を継承することになるが，王太子シャルルもシャルル7世としてフランス王への即位を宣言した。

　こうして，ブルゴーニュ公フィリップと同盟しフランス王国の北半分を支配するヘンリ6世と，南半分を支配するシャルルがともに「フランス国王」を名乗り対峙する状況が続くなか，ジャンヌは神の啓示を受けたと主張し，1428年にヴォークルールの守備隊長ボードリクールのもとへ向かった。翌1429年2月にジャンヌは王国西部のシノンでシャルルと会見し，「ポワティエの審理」を経たのちに軍隊を与えられると，イングランド軍の包囲下にあったシャルル派の拠点オルレアンを5月8日に解放した。こうした彼女の活躍もあり，7月にランスでシャルル7世の戴冠式が挙行された。しかし，その後，パリの攻撃に失敗したジャンヌは，翌1430年にコンピエーニュでブルゴーニュ軍に捕縛され，イングランドの支配下にあるルーアンへ護送され

た。同地で1431年1月から始まった一連の異端裁判において，破門の判決を受け，5月30日に火刑に処された。百年戦争が終結すると，シャルル7世の求めで上述の判決の正当性が再調査され，1456年にルーアンで異端判決が破棄されることとなった。

『処刑裁判』と『復権裁判』

　ジャンヌ・ダルクに関連する裁判は，彼女の死後のものも含めれば，ポワティエの審理，処刑裁判，復権裁判（あるいは無効裁判），列聖審理の4度行われている。このうち，ポワティエの審理の記録は今日では失われており，列聖審理記録は邦訳されていない。本章で扱うのは，翻訳が存在する処刑裁判記録と復権裁判記録である。

　フランス語で作成された処刑裁判記録の原本は逸失したが，1435年頃にラテン語に翻訳されていた。このラテン語版に基づき，他の写本との異同を注記したのが，邦訳版の『ジャンヌ・ダルク処刑裁判』である（以下，『処刑裁判』）。『ジャンヌ・ダルク復権裁判』（以下，『復権裁判』）は，復権裁判に関連する史料をフランス人歴史家レジーヌ・ペルヌーが取捨選択した記録抄の邦訳である。

　ここで史料の成立状況について，留意しておくべき点をいくつか確認しておきたい。まず，処刑裁判はジャンヌに敵対する勢力が開催した。舞台となったのはイングランド支配下のルーアンであり，裁判長は親ブルゴーニュ派のボーヴェ司教ピエール・コーションで，イングランドから手当を支給されていた。以上の確認から，『処刑裁判』には，ジャンヌに不利な情報が多く含まれていることが予想できるだろう。それに対して，復権裁判は百年戦争に勝利したシャルル7世の要請で開催された。証人はフランス人のみで，みなジャンヌに同情的であった。とくに前述の処刑裁判が開催されたルーアンの市民は，自らの責任を可能なかぎり回避するためか，すでに死亡していた裁判長コーションとイングランド人を口々に非難するという傾向にあった。さらに，編者のペルヌーはジャンヌにきわめて好意的であり，ジャンヌの処刑に対するカトリック教会全体の責任を問題にしていない。また，『復権裁

判』には，当時の証人による証言と編者のコメントとが併置されているため，不注意な読者は両者を混同する恐れがある。『処刑裁判』と『復権裁判』を史料として扱う際には，以上の点をふまえておかなければならない。

2.「史料を読む」ことの難しさ

史料の何を難しく感じるのか？

　最近まで，筆者は勤務先の大学の2年生向けの演習でこの史料をテキストとしていた。ジャンヌ・ダルクは高校の世界史教科書にも登場する有名人物であるせいか，受講生は多いが，史料を一読した学生の反応はいちように「難しい」というものである。その難しいと感じた部分を具体的にあげてもらったところ，以下のような返答があった。

　まず，「裁判（記録）自体に馴染みがない」という意見があったが，これはやむをえないことであろう。また，「史料に難解な表現が使われている」という意見もあった。たとえば，『処刑裁判』の史料本文冒頭の「余，司教は，司牧たる余の職責にしたがってカトリック信仰の昂揚振興に力を尽くすべく，既にあまねく知れわたった右の事実に対し法にもとづく詮議を行ない，法と理性に照らして慎重な討議を尽くし，余の責を負うべき今後の処置を進めることに決定した」（26頁）という件（くだり）である。しかし，よくよく尋ねてみると，「司教」「司牧たる余の職責」というキリスト教の用語に馴染みがないことが理解を妨げている原因であった。さらに，百年戦争という時代背景の知識が不足しているため，「ジャンヌ・ダルクが裁かれることになった理由がわからない」という学生もいた。

　したがって，いきなり史料本文を読み始めるのはおすすめしない。まずは『処刑裁判』の冒頭に付された編訳者による解説に目を通してほしい。とくに「ジャンヌの生涯とルーアンの裁判」（7-13頁）では，ジャンヌの出現する時期のフランス王国内の状況が，ブルゴーニュ派とアルマニャック派の対立，1420年のトロワ条約とその後の英仏両王の死，そしてオルレアンの包囲

戦に分けて，簡潔に説明されている。その後，ジャンヌがルーアンの教会裁判にかけられた経緯，そしてルーアンの審理の構成が続く。以上の部分は必読である。この解説と巻末の「編訳者の註釈」には，編訳者の豊かな学識が随所に現れ，この『処刑裁判』の訳業の意義をきわめて高いものにしている。くれぐれも読み飛ばさないように，丁寧に読んでほしい。最近では，手にとりやすい入門書も出版されているので，参考にするのもよいだろう（池上『少女は，なぜフランスを救えたのか』，加藤『ジャンヌ・ダルクと百年戦争』，佐藤『百年戦争』）。また，キリスト教に関する入門書（たとえば山我『キリスト教入門』）や講義などを通じて，カトリックの基本的な知識を身につけておくと，中世の史料の理解が深まることを付け加えておきたい。

「素直に」読む？

　前節でふれたような基礎的な知識が頭に入りさえすれば，この史料を読むことは可能だろうか。われわれが陥りやすいのは，史料に書かれていることを丸ごと「正しい」もしくは「真実である」と受け取りがちな点である。「そもそも史料からは事実や真実はわからない」という「言語論的転回」についての議論はおくとしても，史料に不可避的に紛れ込んでいる嘘や間違いや偏りの存在をあらかじめ想定するのは難しい。

　たとえば，第二回予備審理でのジャンヌの発言，「私は昨日あなたに宣誓をしました。それで充分のはずです。あなたはあまりにも多くの要求をなさりすぎます」や「私が真実を答えられるような事についてお問いになって下さい。他の事については，私は本当の事は答えられません」（69頁）を素直に読めば，おそらくジャンヌの頑なな態度が印象に残るのではないだろうか。それでは，教会への不服従や傲慢の罪状でジャンヌを裁こうとした判事たち（史料の作成者）の意図どおりの解釈をしてしまうことになる。

　では，はじめから人口に膾炙している見方を受け入れて，史料を読むとどうなるだろうか。たとえば，先述のように，ジャンヌ擁護派で名高いレジーヌ・ペルヌーの著書では，上記の箇所について，「……裁判の記録からはジャンヌの人柄が浮かびあがってくるからである。そこに記されたジャンヌの

明快な答えは，彼女を陥れるために用意された非難や矛盾をまったく無意味なものにしている」(『奇跡の少女ジャンヌ・ダルク』88頁)と説明されている。読者は，自らの信仰を守り，卑劣な裁判官たちに立ち向かう健気な乙女というジャンヌ像を思い描くかもしれない。

　ペルヌーの著作を，高校世界史教科書の記述，たとえば，「神の託宣を信じた農民の娘ジャンヌ＝ダルクが現れてフランス軍を率い，オルレアンの包囲を破ってイギリス軍を大敗させた。」(木村ほか『詳説世界史』2023年版，130頁)といった知識とあわせて理解すると，「ジャンヌはイギリス人によって捕らえられ，裁かれ，処刑された」と考えてしまうかもしれない。しかしながら，実際にジャンヌを捕らえたのはブルゴーニュ派の兵士であり，裁判長は親ブルゴーニュ派であり，処刑したのはルーアン市の刑吏であった。このように，ペルヌーの記述は不正確な理解をもたらす危険性を孕んでいる。

　以上に共通する問題は，一部の漠然とした印象を全体に適用してしまうことである。現在日本語で読むことが可能なジャンヌに関する書籍の多くが，同じ問題を抱えていると言える。このことと関連して，史料に取り組む際の一番大きな障害は，関連史料の分量が多く全体像がつかみにくいことではないだろうか。そこで，史料情報の整理の仕方も含めて，こうした問題にどのようにアプローチするのかを，筆者の授業を例として以下に示し，あわせて史料を「批判的に読む」とはどういうことかを考えてみたい。

3.「批判的に読む」とは

準備作業

　一般的に言えば，ある史料を「批判的に読む」ためには，大きく分けて二つの点に注意をはらう必要がある。一つは，史料作成の背景を探ること，すなわち作成者の立場など史料の作成に影響を与えたと思われる条件を発見することである。もう一つは，史料の内容をつぶさに検討して，作成者が隠そうとしたこと，明確には語っていないがそれとなく示そうとしたことを明ら

かにすることである。こうした作業は，その史料がどれだけ信用できるかを検証することでもある。専門的には「史料批判」と呼ばれ，さらには前者を「外的批判」，後者を「内的批判」と言い，歴史学を研究する者が習得すべき基本的な技術・方法とされている。簡単な史料批判は第1節の最後で示したが，紙幅の関係上，細かく説明することはしないので，各自で学んでほしい（今井『歴史学研究法』，セニョボス／ラングロワ『歴史学研究入門』）。

　さて，以上を前提に，『処刑裁判』を批判的に読んでいくための具体的な準備として，筆者は学生に以下のステップを踏むことをすすめている。第一に，史料全体を通読することである。この作業は個人で行ってもグループで行ってもよい。この段階で大事なのは「木にとらわれないで森を見る」ことで，ところどころに意味不明な箇所があっても，とにかく最後まで読み切ることである（望田ほか『新しい史学概論　新装版』）。その際に，大意や気づいた点をメモしておく。第二に，時間，場所，人物（たとえば，ジャンヌ・判事など），テーマ（たとえば，啓示・魔術・男装など）ごとに整理し，カード化することである。カードは，B6サイズの市販されている情報カードを用いるのが簡便である。表計算ソフトやQDA（質的データ分析）ソフトを利用してもよい。この作業は，漠然とした印象や思い込みによる恣意的な解釈をできるかぎり除くために，情報をいったん断片化することを目的としている。なお，この際に索引を作成しておくと以降の作業が楽になる。『処刑裁判』は史料訳として非常に優れているが，巻末に索引が付されていないことが数少ない欠点と言える。

裁判の再構成

　こうした準備を経た後で，最後の判決からさかのぼって，裁判の流れを再構成する。史料をジャンヌの罪状ごとのストーリーに沿って，「腑分け」する作業であると言い換えてもよい。たとえば，「悔悛後の判決」でジャンヌは以下のように宣告された（なお〔　〕は引用者の注記）。

　　　汝〔ジャンヌ〕は以下の点で重大な罪を犯す者である。すなわち，汝は

神の啓示および御公現を濫りに捏造した。汝は他人を堕落に誘い，軽薄・不遜な信仰を持った。汝は迷信に類する予言を行い，神ならびに諸聖女を侮辱した。汝は神の掟，聖書，教会の定めを裏切った。汝は秘蹟を受けるに際して神を侮辱した。汝は信徒達に教会への謀反を唆した。汝は棄教し，分派の罪を犯し，カトリック信仰の多くの点において過誤を犯した (323頁)。

　これらの罪状の一つを取り上げ，普通審理 (七十箇条の検事論告 [179-244頁]，十二箇条の告発 [245-258頁]，ジャンヌに対する意見・勧告 [259-285頁]，パリ大学・ルーアン所在博士の審議結果の報告等 [285-303頁]，ジャンヌへの訓戒 [304-316頁]，第一回判決 [316-319頁]) の各過程において，ジャンヌが予備審理 (法廷の審理 [56-123頁]，牢内の審理 [124-178頁]) および普通審理で行った証言と上記の罪状とが，判事・博士らによってどのように結びつけられているか，その変遷をたどるのである。

　この作業でたとえば，マンドラゴールの根を用いて魔術を行った (107, 195頁)，のような告発の根拠が不確かな罪状は，最終判決では注意深く省かれていることがわかる。また，何度も審理の対象となった啓示や男装の問題は，審理の過程で凝縮され，抽象化されて，最終的には啓示は「神の啓示および御公現を濫りに捏造した」にまとめられ，男装は「神の掟，聖書，教会の定めを裏切った」「秘蹟を受けるに際して神を侮辱した」に分けられていることもわかる。

　どの罪状を取り上げるかによって，扱うテーマが変わることに留意しつつ，以上の作業を根気強く行えば，ジャンヌの証言がストーリーとして整理され，いよいよ史料解釈の準備が整ったことになる。史料解釈の際に「史料批判」に加えて行うべき別の作業は，複数の史料を比較して，相違点や矛盾点を炙り出し，得られた情報を整合的に理解できるように，それぞれの史料を解釈することである。以下，『処刑裁判』と『復権裁判』を対象として，筆者の演習で行われた史料解釈の例を二つあげよう。

ジャンヌは自らの意思で男装したのか？（史料解釈の例1）

　第一の例として，処刑裁判に関して言及されることの多い男装の問題を取り上げたい。男装は旅や戦場においては，実用的な服装であるが，聖書の記述に反するため，裁判において問題視された。それに対するジャンヌ自身の証言は一貫しているわけではない。まず，2月27日の審理で，男装は神の命令かと問われたジャンヌは，「服装など大したことではない。小さなことである」と答えた（『処刑裁判』92-93頁）。しかし，3月3日には，「神の命令に服し，神に仕えることが正しい行動だと思う」（同114頁）と答え，女性の服を着ることを拒んだ。ところが，3月15日には「曳き裾をつけないで地面に着く長い服を作って私に与え，ミサに行かせて下さい。戻ってきたら今の服に着がえることにします」と述べた（同158頁）。敬虔なジャンヌはミサを渇望していたが，男装のままでそれに与ることを禁じられ，非常に大きな葛藤を抱えていたのである。このように当初の無関心，その後の神の命令の主張，そしてミサをめぐる葛藤へと揺らぐジャンヌの態度が史料中に表れている。

　処刑裁判の第一回判決を受けて，ジャンヌはいったん悔悛した。5月24日午後の記録によれば，「〔ジャンヌが〕教会の命に従い，男の服を捨てて女性の衣服を着用することを命令した。これに対してジャンヌは，喜んで女性の服を着用し，万事聖職者の命令に服従する旨回答した。かくして女性の衣類が同女に提供され，同女はこれを着用し，即座に男の服を脱いだ」（同325頁）とあり，ジャンヌは男装をやめている。しかし，同月28日には，彼女は「男の服装，すなわち短い上衣，男の頭巾，胴衣を再び着用した」ため，判事たちから「何故男の服を着たのか，誰が着るように仕向けたのか」と訊問され，「自分の意思で着たもので，誰からも強制されたものではないし，自分は女の服より男の服の方が好きだ」と答えている（同327頁）。この結果，ジャンヌは戻り異端（いったん正統信仰に復帰した異端者が再び異端に戻ること）として破門され，処刑されるのである。このジャンヌの行動について，筆者の演習の学生たちは「ジャンヌは自らの信仰を貫くために自分の意思で男装を選んだ」と解釈している。

ところが、『復権裁判』では、やや異なる観点からの証言が記録されている。執行吏ジャン・マッシュウによれば、牢番のイギリス人がジャンヌの着ていた女の服を剥ぎ取り、男の服を与え、「女の服装は袋の中に隠してしまった」という（『復権裁判』287頁）。また、マルタン・ラドヴニュ修道士は「私はジャンヌの口から、あるイギリスの高官がジャンヌの牢獄に入ってきて、暴力で彼女をものにしようとしたのだと聞いています。彼女の言うところでは、これが彼女が男の服装に戻った理由です」と証言している（同288頁）。

　このような『復権裁判』における「イギリス人によるジャンヌへの男装の強制」の強調は何を意味するのであろうか。ジャンヌの復権をめざす証人たちにとっては、「〔男の服は〕自分の意思で着たもので、誰からも強制されたものではない」という『処刑裁判』に記録されているジャンヌの証言は決して認めてはならないことだった。なぜなら、教会の教えに反する男装を「自分の意思で」選んだのであれば、ジャンヌが異端者であることは否定できなくなるからである。そこで、ジャンヌの男装は強制されたものであり、その責任はイギリス人にあると証言することにより、ジャンヌの免罪とイギリス人への非難を主張したという解釈が成り立つのである。

「妖精の樹」と「婦人たちの樹」（史料解釈の例２）

　第二の例は、学生のレポートから採用した。数年前に『処刑裁判』と『復権裁判』を比較せよ、という夏季レポートを筆者が課したとき、ある学生は、『処刑裁判』における「妖精の樹」という表現と『復権裁判』における「婦人たちの樹」という表現とを比較する着眼点の優れたレポートを提出した。以下はその内容をもとに、筆者が修正を加えたものである。

　『処刑裁判』において、ジャンヌはドンレミ村の近くにあった木について審問を受け、この樹は「女たちの樹」または「妖精の樹」と呼ばれており、傍に泉があると述べている。ここではじめてこの樹に二つ名称があることがわかる。ジャンヌは、他の娘たちと一緒にこの樹の所に遊びに行き、枝に花の冠をかけたりしたことや、妖精たちがこの樹の周辺に出没すると聞いたこ

とがあると述べている。またジャンヌの代母が，実際に妖精を見たという話を聞いたとも述べている（『処刑裁判』85頁）。

　以上をふまえた七十箇条の検事論告と十二箇条の告発ではいずれも「妖精の樹」とだけ述べられており，二つのうち妖精の名称が選ばれていることがわかる。さらに，ジャンヌの答弁と一致しない箇所が多く含まれている。七十箇条の第五条には，「その周囲には邪悪な精霊が住み，フランス語ではフェ（妖精）とよばれ，魔術を弄ぶ人々は夜になるとここで踊り，この樹のまわりを徘徊した。」とある（同194頁）。ジャンヌの答弁では，樹のまわりに集まって踊ったりするのは，熱病患者や村の娘たちということになっていることから（同85頁），この論告文の作成者がこの樹やその周囲を呪術的な場所として位置づけようとしたと言える。第六条には，ジャンヌ自身もこの樹と泉のまわりを徘徊したこと，この場所で1人になろうとしたこと，精霊に対して呪文や祈禱を行ったことが書かれている。また，「その時刻は夜半が最も多かった」ともある。いずれもジャンヌの答弁とは異なっていて，ジャンヌは否認している。それにもかかわらず十二箇条の第一条には，「……この女は度々妖精を崇め，妖精たちに礼拝を行った」とあり，何の訂正もされていないことがわかる（同249頁）。

　「婦人たちの樹」という名称は復権裁判時にはじめて出てきたものである。前述のとおり，処刑裁判時にジャンヌはこの樹のことを「女たちの樹」や「妖精の樹」と呼んでおり，当時の村にはこの2種類の名称が併存していた。しかし，ドンレミ村の住民の証言では「婦人たちの樹」と呼ばれている。また，ジャンヌは，樹の周辺に妖精が現れたということや，実際に見たということを聞いたと述べていた。これに対し，ジャンヌの代父のジャン・モレルは「……妖精といわれる女性や魔法を使う女たちが，かつてはこの木の下に踊りに行ったという話を私は聞いています。しかし，聖者ヨハネによる福音書が読まれるようになってからは，女たちは行かなくなりました」（『復権裁判』93-94頁）と証言した。ジャンヌの遊び仲間であったミシェル・ルビュアンの証言は，「私は，俗に妖精と言われる女たちが，昔はこの木の下に集まってきたものだという話を聞いたことがあります。けれど本当にそうだ

ったのかどうかは知りません。今はそういう女たちが集まらないからです」というものであった（同106頁）。この樹に関して、「妖精」という言葉を入れて説明した人は、昔はそういった存在がいたということを耳にしたが自分の代では聞いたことがない、という趣旨の供述をしている。そして、妖精の話の有無にかかわらず、この樹のある場所は、特別な祝日に村の青年や若い娘たち、樹の所有者の家族等が訪れる場所である、と証言している。以上の点から、村人たちは妖精の存在と自分たちがこの樹のまわりに行くこととが関連づけられないように、暗にこの樹を、「妖精」ではなく「婦人たちの樹」としたのではないだろうか。特別な祝日に行く場所であるという説明も、カトリックの信仰に背いていないことの強調なのである。

「妖精の樹」という呼称と、「婦人たちの樹」という名称は、それぞれ用いた側の意図をよく反映していると言える。判事たちは、ジャンヌがカトリック信仰に背いているような呪術的な面をもっていることを取り上げるために「妖精」の樹であることを強調した。それに対し、村人たちは自分たちやジャンヌがこの樹の傍に行くことと、「妖精」と呼ばれる存在とが関連づけられないよう装うために、「妖精」ではなく「婦人」を強調したのである。

このように史料解釈の2例から明らかになるのは、しばしば指摘される『処刑裁判』の偏りだけでなく、『復権裁判』にも偏りが存在することである。また、「男装」や「妖精の樹と婦人たちの樹」のように焦点を絞った考察の有効性を確認しておきたい。細部の綿密な検討を積み重ねてはじめて、全体の正確な理解につながるのである。学生のみなさんは、焦っていきなり全体を理解しようとせず、史料の部分部分の解釈をコツコツ積み上げることを心がけ、全体像をつかむようにしてほしい。

4. 新しい史料解釈へ

後世のジャンヌ像と自由な解釈への挑戦

　1456年7月7日，ルーアンで異端判決が破棄され，「復権」したジャンヌだが，一度は人びとの記憶からほぼ忘れられた。19世紀のロマン主義の潮流のなかで中世が再評価されると，彼女は，ジュール・ミシュレのような共和主義者にとっては「民衆の代表」，カトリック教会にとっては「殉教の聖女」（実際に1920年5月6日に列聖された），フランスの極右政党国民戦線（現在は，国民連合）の支持者のような民族主義者にとっては「愛国の乙女」となった。ゲルト・クルマイヒやミシェル・ヴィノックが詳細に明らかにしたように，こうしたジャンヌ像の多様化には，フランスやフランス人がおかれた時代・社会・立場の要請という，それなりの正当性がある。

　しかしながら，21世紀に外国史を学ぶわれわれ（＝外国人）が，こうしたジャンヌ像をそのまま受け入れる必要はない。そもそも，フランス人のジャンヌに対する「思い入れ」や，ジャンヌの処刑の状況を語るときの「歯切れの悪さ」につきあう義理もないだろう。「フランス国民史」を前提にしないジャンヌの語り方を模索することもできる。史料に基づいた新しい解釈を行う自由や可能性がつねにあることを確認しておきたい。ここに史料を読む視角や問題設定の重要性がある。

新しい「問い」へ

　前述のように，最近までわれわれが日本語で読むことができたジャンヌについての本は，多かれ少なかれ，レジーヌ・ペルヌーの影響を受けていると言ってよいだろう。これに対して，2014年に翻訳されたコレット・ボーヌ『幻想のジャンヌ・ダルク』は，『処刑裁判』『復権裁判』を含めたジャンヌ関連史料へのまったく新しい視角や問題設定を提供してくれる。

　たとえば，「越境」するジャンヌ像と「心性」についてである。「越境」するジャンヌ像に関して，ボーヌは，ジャンヌが中世社会に厳然と存在したさ

まざまな壁・境界を越えて活動したことを指摘する。つまり，平民の出身でありながら戦場で貴族を従えたり，女性でありながら男性の服装を身につけたりした。また，ほかにもジャンヌをめぐる境界のあいまいさはさまざまに指摘できよう。女性が10代で結婚するのがめずらしくない時代に未婚という大人と子どもの間の存在であり，彼女の出身のドンレミ村は王太子派（アルマニャック派）とブルゴーニュ派という両勢力の狭間にあった。彼女は女預言者として登場し，魔女として謗られ，のちに聖女として崇められる。こうした二項対立を超えた議論が，フランスとイギリスの関係のみに注がれていたわれわれの目をブルゴーニュ派の果たした役割へと向けさせることになる。ジャンヌの処刑裁判に大きな影響を与えたボーヴェ司教コーションやパリ大学はブルゴーニュ派を支持していた。

「心性」については，20世紀後半からアナール学派の影響で注目されるようになった視点である。ジャンヌに関しては，予言／預言，魔術，そして前述の「妖精たちの木」に関する証言が取り上げられる。

過去に生きた人物について研究する際には，時代を超えて想像し共感する態度が求められていることを最後に指摘しておきたい（中谷『歴史を冒険するために』79-88頁）。「英雄」や「悲劇の少女」のように言い古されたレッテルを安易に繰り返すことで満足するのではなく，史料批判と自由な解釈を通じて自らが構築したジャンヌの人物像に向きあうことこそが重要なのである。

外国語史料への挑戦

本章で述べてきたように，まずは日本語の史料に対する「史料批判」を通じて，論理的に整合性がとれるような解釈を打ち出すことができれば，きっと歴史学の楽しさに目覚めるはずである。ジャンヌ・ダルクに関する史料は本章で扱った以外にも膨大に存在する。それらにアクセスするには，やはり外国語の習得は不可欠である。しかしながら，史料を読むという目標があれば，語学の習得にも熱が入ることであろう。ぜひ中世ラテン語や中世フランス語を習得して，広大な史料の海に飛び込んでもらいたい。

参考文献
〔史料〕
高山一彦編訳『ジャンヌ・ダルク処刑裁判』白水社，2002年
ペルヌー，レジーヌ編著（高山一彦訳）『ジャンヌ・ダルク復権裁判』白水社，2002年

〔関連文献〕
池上俊一『世界史のリテラシー——少女は，なぜフランスを救えたのか：ジャンヌ・ダルクのオルレアン解放』NHK出版，2023年
今井登志喜『歴史学研究法』ちくま学芸文庫，2023年
ヴィノック，ミシェル（渡辺和行訳）「ジャンヌ・ダルク」ピエール・ノラ編，谷川稔監訳『記憶の場——フランス国民意識の文化＝社会史』第3巻，岩波書店，2003年所収
上田耕造『図説ジャンヌ・ダルク』河出書房新社，2016年
加藤玄「ジャンヌ・ダルク」金澤周作監修／藤井崇・青谷秀紀・古谷大輔・坂本優一郎・小野沢透編著『論点・西洋史学』ミネルヴァ書房，2020年所収
加藤玄『ジャンヌ・ダルクと百年戦争——時空をこえて語り継がれる乙女』山川出版社，2022年
木村靖二・岸本美緒・小松久男・橋場弦『詳説世界史』山川出版社，2023年
クルマイヒ，ゲルト（加藤玄監訳／小林繁子・安酸香織・西山暁義訳）『ジャンヌ・ダルク——預言者・戦士・聖女』みすず書房，2024年
セニョボス，シャルル／ラングロワ，シャルル（八本木浄訳）『歴史学研究入門』校倉書房，1989年
高山一彦著『ジャンヌ・ダルク』岩波新書，2005年
中谷功治『歴史を冒険するために』関西学院大学出版会，2008年
ペルヌー，レジーヌ／クラン，マリ＝ヴェロニック（福本直之訳）『ジャンヌ・ダルク』東京書籍，1992年
ペルヌー，レジーヌ（高山一彦訳）『ジャンヌ・ダルクの実像』白水社文庫クセジュ，1995年
ペルヌー，レジーヌ（塚本哲也監修）『奇跡の少女ジャンヌ・ダルク』創元社「知の再発見」双書，2002年
ボーヌ，コレット（阿河雄二郎ほか訳）『幻想のジャンヌ・ダルク』昭和堂，2014年
ミシュレ，ジュール（森井真・田代葆訳）『ジャンヌ・ダルク』中公文庫，1987年
望田幸男・芝井敬司・末川清『新しい史学概論 新版』昭和堂，2002年
山我哲雄『キリスト教入門』岩波ジュニア新書，2014年

（加藤　玄）

第15章
つながる歴史，つながらない歴史

1. つながる歴史？

　2018年に告示された高等学校学習指導要領の「歴史総合」には，以下の記述がある。「「歴史総合」では，このような近現代の歴史の大きな変化を「近代化」，「国際秩序の変化や大衆化」，「グローバル化」と表し，現代の社会の基本的な構造がどのような歴史的な変化の中で形成されてきたのか，それは生徒自身が向き合う現代的な諸課題とどのように関わっているのかなどについて生徒が課題意識をもって考察できる」。つまり，「現代社会の基本的な構造」が歴史的にどう形成されてきたのかを学ぶということであり，現代につながるものとして歴史を理解するということである。

　しかし，現在につながるものだけが歴史なのだろうか。私たちは，古代遺跡を見て失われた文明や文化についての想像をめぐらし，絢爛豪華なヴェルサイユ宮殿を訪問して，そこでの王侯貴族の生き方に思いをはせる。私たちの世界とかけ離れた，現在にはつながらないものへの関心は，私たちが歴史に興味をもつ重要な動機である。

　このような歴史への興味や関心は，たんなる尚古趣味で，歴史学にとって意味のないものなのだろうか？　じつは，そのようなことはなく，最近の歴史学の世界では，「つながらない歴史」への関心が強い面もある。では，つながらない歴史を考えた場合，何が見えてくるのだろうか。ここでは，筆者が専門とするヨーロッパ近世（16～18世紀），とりわけ近世国家のあり方を対象として，この問題を考えてみたい。

2. フランス絶対王政の理解

従来のイメージ

『世界史用語集』(山川出版社, 2023年改訂)の「絶対王政」の説明には「16～18世紀のヨーロッパに現れた, 王権を絶対視する政治体制。王権神授説を理論的支柱とし, 常備軍と官僚制を整え, 王権への集権化を進めた。また, 絶対王政のもとで中央集権化が進展し, 従来は王権を民衆に示すためつねに各地を移動していた国王が一都市に定住するようになり, 首都が各国に成立した。これによって宮廷や豪華な宮廷文化も誕生した」とある。

ここでのキータームは中央集権化である。中央集権化, すなわち常備軍と官僚制を整備・拡大したことで従来よりも権力が強化された国家が絶対王政であり, このような理解が19世紀後半から定着していた。では, なぜこのようなイメージが形成されたのだろうか。

主な理由は, 現代へと「つながる歴史」にこだわり, 絶対王政を近代国家の原形とする問題関心を抱き, 近代国家へとつながるものとして絶対王政を理解・評価したことである。フランスにおいて本格的に絶対王政研究が開始されたのは19世紀後半のことであった。フランスでは, 独仏(普仏)戦争(1871年)ののちに第三共和政が成立するが, 王党派や社会主義者に対抗する文脈で, 第三共和政はフランス革命の理念と成果を継承することをその正当性の根拠とした。それまでたびたび禁止されていた, 革命を象徴する歌謡である「ラ・マルセイエーズ」が1879年に国歌となり, 1889年には革命100周年式典が盛大に執り行われた。

絶対王政は革命により打倒されたものであったが, 革命以降のフランスでは中央集権化が進展して国家権力が強化されていったことを背景に, 歴史家たちは絶対王政もまた革命が追求したもの, つまり国家権力の強化を追い求めていたことを明らかにし, フランス革命以前の歴史にも正当性を与えようとした。かくして, 中世の封建制や身分制の枠組みを打破し, 国内の統一や均質化を推進する絶対王政の試みが重視され, 軍事力の確立や財政基盤の強

化,官僚制の整備,宗教権力との対立などが強調されることとなった。

フランスのジャン・ボダンは,宗教戦争で国内が混乱するなか,1576年に『国家論』を刊行し,「主権とは,国家の絶対にして永続的な権力である」という有名な文言により主権を定義した。ここでの「絶対的」とは,臣下による拘束を受けず,外部の権力（教皇や皇帝）から自由であることを示している。ボダンは,主権という新たな概念に基づき,他の者から制約を受けない政治権力の必要性を説いたのだった。もちろん,ボダンが想定した主権の担い手は君主であった。近代になると主権の担い手が国民となり,国民国家が形成されるわけだが,君主主権が貫徹する領域国家の形成というとらえ方も近代国家の起源の追求という問題関心を反映していた。

もちろん,ボダンが主張したのは国家の理想型で,必ずしも実態を反映しているものではなかった。だが,高校世界史では「主権国家」というものも重視されており,主権の絶対性という考えも,絶対王政のイメージと密接に関係している。では,何を根拠にそのような主張がなされたのだろうか。それには,19世紀後半の絶対王政研究のあり方が密接に関係していた。

学問としての近代的歴史学は,ドイツのランケにより1820年代に始まった。それ以前の歴史学は,修辞学（優れた文章を書くための学で,その題材として歴史が選ばれた）の一部で,事実とフィクションの区別が十分になされていなかったが,ランケは「それは本来いかにあったか」と述べ,「根本史料（同時代人が書いた史料,一次史料とも言う）」をもとに事実を確定することを基本とした。そのため,近代歴史学は,根本史料に容易にアクセスできる政治史や外交史から始まった。

絶対王政研究の場合,最初に注目されたのは法律で,それをもとに当時の政治制度を解明する制度史が進展していった。絶対王政期のフランスの法律は慣習法的な性格が強く,必要に応じて発布される「王令」の蓄積が法律を形成していた。従来は判明していなかった制度を調べ,確定することは歴史研究の基礎作業として必要不可欠であるが,法律から制度を研究する歴史家は,次々に新たな制度の創設が命令され,集権的な国家機構が着実に整備されていったというイメージを抱くことになった。このような研究手法も,絶

対王政による集権化や国家権力の強化という理解をもたらす原因となった。

3. 新たな絶対王政像の模索

戦後の実証研究

　第二次世界大戦後には地方の文書館に所蔵されている史料を利用した研究が進展し，法律の運用の実態，すなわち中央集権化を担った官僚が地域でどのような活動をしていたのかが解明されていった。そこでわかったことは，中央から派遣された官僚は必ずしも強権的な支配を実施できなかったことで，従来の中央集権化像は批判にさらされていった。さらに，各地域の権力関係に着目した詳細な実証研究は，地域での王権と地方エリートとの協同という実態を明らかにしたのだった。当時の中央権力は実際にはそれほど強力ではなかったために，地方を統治する過程で，地方の諸制度やエリートの自発的な協力を必要としたのだった。

　このように，近年の研究では，国王は望むことを何でもできたわけではなく，国王権力の相対的弱体さが強調されている。その原因は王権の強制力の弱さであった。革命前のフランスでは，今日のような住民登録は存在せず，王権は臣民を個別に支配していなかった。国家が国民一人ひとりの情報を把握し，条件（たとえば年齢）に合致した国民を抽出できることが，近代国家が存在する前提である。これができなければ，選挙や義務教育，徴兵，社会福祉などの今日的な諸制度を何一つ実施できない。絶対王政期には官僚制が進展したとされる。確かに官僚の数は増加したが，人口比では今日のレベルには遠くおよばず，行政文書の配布システムも不備であった。今日的な警察組織もほとんど存在せず，軍隊も貴族の家産（貴族の軍隊）として認識される場合が多かった。そのため，治安の維持や犯罪の予防はもちろん，強制力をともなって国王が政策を推進する組織もなかった。研究の進展で，絶対王政は近代国家とは似て非なるものだということが明らかになってきたのである。

近世国家の構造的把握──社団的編成

　では，このような国家の構造は，どのように説明されるのだろうか。日仏での実証研究の成果に合致する理論を提示し，日本において絶対王政の新たな構造把握を提示したのが，1979年に発表された二宮宏之の論文，「フランス絶対王政の統治構造」であった。

　国家のあり方を考えるにあたって，二宮は社会的結合関係(ソシアビリテ)に着目した。人間は社会的な動物であり，生を維持するにあたって，太古より他人と結びあって集団を形成する必要があった。人と人がつながりあう起点は血縁的組織としての「家」である。前近代には共同で農業を行う必要があり，農業地帯では農業生産や農民の生活における共同性が実現される場として，農村共同体(村)が形成された。前近代の社会では，人びとが生活を維持するために結びつき，さまざまな団体を形成していた。

　人びとの結合関係は歴史とともに自然に生まれたが，古くからそれは権力と関係をもっていた。中世の都市の例を考えてみよう。ヨーロッパでは11世紀以降に商業が再活性化し，交易の場としての都市が成長していった。交易地には富が集まるので，中世の都市は自身の富を守るために周囲に城壁をめぐらせて，司法，行政，軍事などの組織を発展させた。その過程で，自治権への要求が高まり，王権と結びつく例があった。王権はこの都市の自治の伝統やさまざまな慣行を王が授ける恩恵すなわち特権として保証し，その代償として都市は王権に対して忠誠を誓い，必要に応じて財政的な援助などを行った。近世のフランスでは通常，王権のもとで都市の自治権が認められていた。

　絶対王政期には，王権はこのような「自然生的な」結合関係を取り込み，固有の権力秩序を形成した。王権は国内にさまざまなかたちで存在していた社会集団との関係を取り結び，これを媒介とすることにより，間接的に臣民を支配したのである。「自然生的な」団体は，王権により公的なものとして認められたわけだが，二宮はそのような集団を「社団(Corps)」と名づけた。王権は社団が獲得してきた権限を「特権」として認め，その代わりに社団は

王権に忠誠を誓い，物質的援助（資金の供与など）を行った。

　社団の例として，各地の都市に存在したギルドを考えてみよう。ギルドとは，ある商品の生産や流通を都市内で独占的に行う組織である。おそらくギルド結成の経緯は，都市内の同業者の相互扶助である。それほど消費の規模が大きくない前近代では，同業者が増えると共倒れとなるので，生産や流通に従事できる者をギルドの親方に限定した。そして親方になるためには，徒弟から職人へ，というステップを踏まねばならないようにし，ギルド内での親方の支配権を確立した。親方同士では，製品の最低価格を決定して安売り（利益の減少）を防ぐなど，構成員の行動を規制した。外部に対してはギルドの独占権を主張するわけだが，実力での権利の維持は難しいので，独占権を権利として認めてもらうことを上位者に求めた。かくして，ギルドは王権と結びつくのであり，公的な制度と認められることで，権利の侵害者に対しては裁判に訴えることが可能となり，権利が強固なものとなった。そして，王権はギルドの権利を国王が与えた特権として認める代わりに，ギルドから忠誠を引き出したのだった。

　このように，王権と社団との間には相互依存的（互酬的）な関係が存在していた。当時のフランスには貴族，官職保有者，ギルド，村落共同体など，さまざまな社団が存在しており，フランス絶対王政の統治構造とは，王権がこれらの社団と特権を媒介とした関係を取り結ぶことにより，各社団をその統治のなかに組み込むことだった。

　多くの社団と関係を結び，そこから忠誠を獲得することは，一面では王権の強化につながったが，権力強化の方法は近代国家のそれとは本質的に異なっており，近代へとつながらない限界があった。「特権」として認められた社団の権利は，「古き良き法」という言葉が示すように，より古くから慣習として存続していたものほど強力であったために，王権がそれらを否定してまったく新しい法や制度を導入することは難しかった。

　たとえば，1667年のフランドル戦争でフランスが征服した都市リールの降伏条約には「リールの都市とシャテルニー（都市が支配する地域）は，フランスの国王たちによって以前より合意されていた，またこの地方の支配者たち

によって合意されていた，すべての特権，慣習，習慣，権利，自由，裁判権，治安および行政を享受する」との記述がある。都市民たちが享受していた特権が承認されて維持されたのであり，これを前提としてはじめて，国王はリールを支配することができた。戦争後，ルイ14世はリールを訪れ，古くからの諸権利を尊重を示す，伝統に則った入市式を行い，古いフランドル伯の宣誓を繰り返して従来の特権の保護を約束した。リールはスペイン継承戦争のときに一時オランダに占領され，1713年のユトレヒト条約でフランスに返還されたが，オランダの占領が終了した翌日に，王権の代理人である地方長官はリールの都市役人たちに対して，「国王の宣誓は依然として有効である。そのうえ，国王陛下はこの都市の諸特権を削減するよりもむしろ増大させたのであった」と宣言している。

フランス王国では上は貴族から下は農村共同体に所属する農民まで，ほぼあらゆる者が特権を保持していたのであり，人は生まれながらに平等ではないこの社会では，特権の多寡がその人の自由の度合を示していた。実際，当時の用語では「特権」という単語は「自由」と同じ意味で使用されていたのである。それゆえ，王権がいにしえより存在する王国基本法により制限されるとの議論に見られるように，社団の特権を否定するような施策を王権がとることは困難であった。

とはいえ，社団は王権と対抗して自らの自治を貫徹したわけではなかった。絶対王政期には「社団の自治権や自由権」が「王権によって与えられる特権」に転化したのであり，その意味では，社団に立脚する絶対王政国家においては「王権の伸長」が認められるのである。これは，中世においては王権の秩序とは無関係に存在していた社会集団が，宗教戦争期の混乱を境にしだいに王権の庇護を求めたことを意味している。また，都市で寡頭制が進展したように，社団内でも権力構造の変化が認められ，特定の都市支配者層が王権と提携するといった，王権と結合する契機が社団にも内在的に認められるのである。そこでは王権の強化が認められるが，それは近代国家とは異なる論理で実施されたのだった。

歴史とは本来このように複雑でさまざまなニュアンスに満ちているわけだ

が，それを教科書で表現するのは難しいので，「世界史探求」の教科書の多くで，1648年に起こったフロンドの乱を鎮圧したルイ14世が王権神授説を唱え，官僚制と常備軍を整備して絶対王政を確立したというストーリーが語られている。しかし，社団的編成論の影響も最近では認められる。「世界史探求」の教科書7冊のうち2冊は絶対王政という言葉を使用しておらず（この時期の国家を「主権国家」と定義），東京書籍『世界史探求』（2022年検定済，2024年発行）では絶対王政という言葉は使っているが，以下のような興味深い記述となっている。

> マザランの死後，ルイ14世親政がはじまった。王は王権神授説を唱え，「朕は国家なり」と言ったといわれるように，君主権の絶対・万能を主張した。そのため絶対王政（絶対主義）ともいわれるが，国王が絶対的権力をふるえたわけではなかった。

とし，この文末に付けられた注でさらに次のように述べている。

> 国王が臣民を直接に支配していたわけではなく，国王は，ギルドや貴族などの職能・身分団体や，都市や農村などの地域的団体に特権を与えることで国内を統制していた。

社団という言葉は出てこないが，まさに社団的編成論による解説である。

社団的編成から複合国家・礫岩国家へ

　絶対王政期の国家は国内を均質的な空間にして統治したわけではなく，社団を代表とする複合的要素によって形成されていた。そのような複合性に着目して提唱されたのが，複合国家や複合王政，礫岩（れきがん）国家という考え方である。
　1989年にイギリスの歴史家H. G. ケーニヒスバーガは，その論文「複合国家・代表議会・アメリカ革命」で，近世ヨーロッパの国家は，単一国家や国民国家というよりは，むしろ複合的な国家であると主張した（近世国家の第1

第15章　つながる歴史，つながらない歴史

図1 15世紀のスペイン

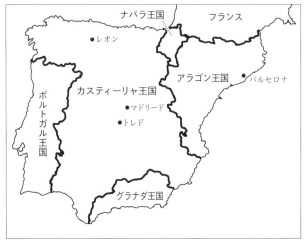

図2のスペインの紋章に登場するレオン王国は、11世紀にカスティーリャ王国に併合され、すでにこの時点でカスティーリャ=レオン王国という複合国家を形成していた。カスティーリャ王国の中心地はトレドであったが、1561年にフェリペ2世が宮廷をマドリードに移すと、マドリードが王国の中心となった。

の共通条件)。たとえば、1469年にカスティーリャ王女のイサベルとアラゴン王子フェルナンドの結婚を機に両国が合同し、スペイン王国が誕生したとされる（図1）。これは確かにそうだが、カスティーリャとアラゴンは合同したにすぎず、ケーニヒスバーガが近世国家の第2の共通条件とした「身分制議会」が両国に存在しており、両国の体制（法や諸制度）はそのまま維持された。これが複合国家であり、トレドにいるスペイン王は、アラゴンに対してはその身分制議会との交渉・協働により統治を実施した。ケーニヒスバーガはその統治形態を「政治共同体と王による統治」と評している。スペインはその後も、各地域の自律性（政治共同体）を維持したまま、合同により国土を拡大したのであり、スペインが複合国家の性格を強くもっていることは、現在の国旗にも表されている（図2）。

　ほかの国も同様で、ウィーンのハプスブルク家の君主は、オーストリア大公、ハンガリー国王、ボヘミア王などのさまざまな称号の複合でのみ、自身が支配する領域を示すことができた。イギリスの国名が現在も「連合王国」

となっているのは，イングランドとスコットランドが連合（複合）した状況を示しているからである。

スペインのジョン・エリオットは，「複合君主政」という言葉を用いているが，近世国家の領域拡張においては，統一した制度や慣習をめざす「従属的合同」よりも，等しく重要なもの同士の「対等な合同」のほうが広範に見られたとする。対等な合同では，自身の慣習法や諸制度の存続が保証されるため，国際的な王朝ゲームにおいて，領地の帰属替えを住民が受け入れやすくなる利点があったとする。つまり，複合性の存続である。

図2　スペインの紋章

スペイン王冠の下に五つの国の紋章が描かれており，複合国家としての特色が示されている。時計回りに，左上の城がカスティーリャ王国，ライオンがレオン王国，鎖がナバラ王国，縦縞がアラゴン王国，最下部のザクロがグラナダ王国の紋章である。中央の百合の花は，ブルボン王朝の紋章である。

スウェーデンの歴史家ハラルド・グスタフソンは，中世から密接な結びつきをもつ自律的領域がモザイクのように形成されたのが近世国家であるとした。この多様な地域がそれぞれの制度や慣習を保ちながら複合しているという点で，グスタフソンはケーニヒスバーガやエリオットの議論を継承したが，国家の中央と地域エリートとのダイナミックな相互作用に着目し，国家における地域の合従連衡や編成替えを強調した。グスタフソンは近世国家を「コングロマリッド国家（conglomerate state）」としたが，日本では国家を岩石にたとえた場合，conglomerateを「礫岩」と訳し，「礫岩国家」と呼称するとともに，グスタフソンの議論をさらに発展させて，「礫岩のような国家」と呼ぶ場合もある。さまざまな礫（小石）の集合体で，礫はそれぞれ独立し，仮に接合しているだけなので，容易に分裂したり結合したりするという礫岩の性質が，近世国家の特色（複合性と可塑性）をよく表しているというわけである。

社団的編成も含め，これらの議論は近世国家の複合性やその構成要素の自律性に着目しており，近代国家との違いが強調されている。エリオットは「近世の複合国家を，統一国家にいたる道筋における不可避ではあるが不十分な段階だと考えることはたやすい。しかし，すでに15世紀から16世紀にかけての時期に統一国家こそが宿命的な終着点だとみなされていた，などと安易に考えるべきではない」として，「つながる歴史」への警鐘を述べている。「つながらない歴史」としての問題意識が強く表れていると言えよう。

4. つながらない歴史から見えてくるもの

発展的歴史学と反省的歴史学

　遅塚忠躬は『史学概論』で，歴史学をその目的の違いにより三つに分類している。一つは「尚古的（個性記述的）歴史学」で，これは歴史的個体（時代・事件・人物）への知的興味を満足させることを目的とする。二つめの「発展的（動態重視的）歴史学」の説明で，遅塚は人が歴史に求めるものの一つとして，「すべては原因によって最もよく知ることができるゆえに，過去にさかのぼる現代の起源」というライプニッツの言を紹介し，因果関係を想定して発展の筋道を考える歴史学だと定義している。発展的歴史学は「歴史総合」の「現代の社会の基本的な構造がどのような歴史的な変化の中で形成されてきたのか」という文言と合致していよう。

　遅塚はさらに「反省的（静態重視的）歴史学」をあげている。これは過去に照らして現在の社会や文化を反省する歴史学である。現在の社会や文化を反省するためには，それを客観化する必要があるが，そのためには異質な社会や文化との対比が有用である。そのため，反省的歴史学では過去を現代とは異なる異世界として静態的にとらえ，ある地域・時代の社会についての「構造」を解明しようとする。つまり，反省的歴史学は現代につながらない面を重視するわけで，「歴史総合」の目的とは異なっている。

　本稿で問題としているのがまさに「反省的歴史学」であるが，ではそのよ

うな考え方から何が見えてくるのだろうか。

独自の時代としての過去

　まず，時代区分の問題がある。戦後の歴史学の成果を集大成した『岩波講座　世界歴史』(1969年刊行開始)では，時代別に論考が並べられているが，16世紀から第一次世界大戦前までが一括して「近代」とされていた。これはヨーロッパ史学の理解を継承しているものであったが，他方で日本の近代化の模範とすべきヨーロッパ近代を，封建制や身分制として理解されていた江戸時代と同列に論じるのは問題があるとして，「近世」という区分を採用することがはばかられた面もあった。しかし，現在では16世紀から18世紀が独自の時代であったことが強調されており，「近世」というヨーロッパ史の時代区分は日本では普通に用いられ，世界史教科書の時代区分にも登場している。このため，現在ではこの時代は，日本の明治期ではなく江戸期と比較されるようになっており，世界史的規模で「近世化」という事象を検討する試みもなされている。

　つながらない過去として近世を見ることは，過去を異世界として見ることであり，現代に生きる私たちが当然と思っていることを相対化することが可能となる。二宮が取り上げた社会的結合関係を考えると，当時の人びとが私たちよりもはるかに濃密な人的紐帯(ちゅうたい)のもとで生活していたことがわかる。農村では共同で農作業をし，日常的な娯楽や祭などをともに楽しむ。相互扶助もあり，人びとは共同体のなかで，共同体に守られて，共同体成員の絆のなかで生活をしていた。また，近世の農村では，人びとは自然と共生し，自然のサイクルにしたがって，無駄のないエコな生活を営んでいた。

　もちろん，経済的に生活が楽だったわけではなく，絆はしがらみなので，個人の自由が侵害されるといった理不尽なことも起きよう。二宮が社団を媒介とした統治を提唱したとき，社団内に権力秩序が存在していることは重要な前提であった。王権が社団のトップ(たとえば都市の市長)と交渉することで都市民を間接的に統治できたのは，都市内に支配－被支配の関係があるためである。社団の基礎となる共同体は，その成員が平等であるユートピアでは

なかった。また，私たちは近世のエコな生活をすることも不可能であるように，昔と同じ生活をすればよいわけではない。

しかし，個人主義が進展して，SNSのなかでの希薄なつながりしかもたない現代人にとって，過去の人びととの「共同性」を知ることには意義があろう。また，近世の人たちの生活や自然観を知ることは，モノを大量に消費して大量に廃棄する私たちに，何らかの反省やインスピレーションをもたらすことにもなろう。

過去からつながる歴史

最後に，「歴史総合」とは逆に，過去から歴史をつなげることを考えてみよう。本稿の趣旨に照らした場合，近世的なものがのちの時代まで残っていることを理解し，その意味を考えることである。たとえば，フランス革命で王制が打倒され，フランスは19世紀にかけて共和制へと向かっていくが，第一次世界大戦前のヨーロッパでは，むしろ君主政が主流であった。

ナポレオン体制の崩壊後，スペインではブルボン朝が復活し，オランダではオラニエ・ナッサウ家が王位に就いて，かつての連邦共和国は王国となった。ナショナリズム運動も君主政と矛盾するものではなく，独立が承認された1829年の翌年に，ギリシアはバイエルン王国の王子をオソン1世として迎えて王国を成立させた。1878年のベルリン条約で独立を達成したルーマニアでは，ホーエンツォレルン侯の息子で，ルーマニア大公であったカロル1世が即位して王国となり，セルビアではオブレノヴィチ家のセルビア公ミラン・オブレノヴィチ4世がミラン1世として即位して王国となった。この時期は程度の差こそあれ立憲君主政が主流となっており，君主が絶対的な権力を行使することは難しくなっていたが，19世紀末のヨーロッパでは，共和政をとる国はフランスなどの数か国に限られていた。19世紀段階では国民統合のシンボルとして君主が不可欠で，この状況はドイツやオーストリアなどで君主政が崩壊する第一次世界大戦終結まで続いた。

図3は1894年4月21日にドイツのコーブルクのエディンバラ宮殿で撮影されたものである。これはヘッセン大公エルンスト・ルートヴィヒとザクセ

ン・コーブルク・ゴータ公妃
の結婚式に参列した人びとの
写真で，前列中央にイギリス
のヴィクトリア女王が座って
いる。新郎新婦はいずれも女
王の孫で，列席者も女王を中
心とした姻戚関係にあった。
女王の向かって右側に座る女
性は彼女の娘で，1858年に
プロイセン王太子と結婚，前
列左の男性がその息子のドイ
ツ皇帝ヴィルヘルム2世であ
る。その右上の男性は，ロシ
ア皇太子（のちの皇帝ニコライ2
世）で，彼の配偶者がヴィク
トリア女王の孫だった。

図3　コーブルクでの君主たち

　19世紀のヨーロッパでは一方で国民国家の形成が進展していたが，君主た
ちは国民の枠を越えて姻戚関係で結合しており，その状況は近世と同様であ
った。こうしたことを考えると，近代的総力戦として理解される第一次世界
大戦も，最後の王朝間戦争ととらえることも可能であろう。君主が重要な役
割を果たしつつ国民と共存していたことは，近世と19世紀との連続を重視す
ることとなる。そうなると，19世紀において現代とつながっていない部分が
重要となり，私たちの19世紀史への理解（国民国家の成立など）を変更させる可
能性がある。

　近世的なものが19世紀の歴史に果たした役割は，社会においても顕著であ
る。フランス史では，19世紀前半には，農村共同体を代表して，地域と全
国，同郷人と国家を仲介する名望家による支配が強調されている。農村にお
いては，人びとに国民意識が浸透していくのは1880年代に義務教育制度が
定められた以降であり，19世紀前半は近代よりも近世との接点が多い時期

であった。

　日本の近代史研究でも，1871年（明治4）の廃藩以降においても，旧藩主・旧藩士・旧領民とその子孫などによる社会的結合により体現される「旧幕社会」が存続し，それが産業や教育など多方面にわたる地方の「近代化」に深く関与していたことが主張されている。

　現代からのつながりを重視する研究では，つながらないものを前の時代の残滓（ざんし）ととらえる傾向がある。しかし逆に近世から19世紀をつなげていくと，はたして19世紀を近代と考えてよいのかという問題にもつきあたる。つなげ方により，時代区分の概念も変わっていくのである。つながらないものから考えることは，私たちに歴史の別な一面を見せてくれる。

　つながる，つながらないは，大学でのレポートや卒業論文のテーマでも重要となってくる。ある事柄の原因を考えるのか（つながる），対象を静態的な構造（たとえば江戸時代の農村のあり方：つながらない）として把握するのかで，研究のスタイルも変わってくる。歴史の多面的な見方や複雑さ，一筋縄ではいかないおもしろさを味わってほしい。

参考文献
岩井淳『近世ヨーロッパ』ちくま新書，2024年
岩崎周一「西洋近世史研究の70年」『思想』1149号，2020年
エリオット，ジョン・H.（内村俊太訳）「複合君主政のヨーロッパ」古谷大輔・近藤和彦編『礫岩のようなヨーロッパ』山川出版社，2016年
近藤和彦『近世ヨーロッパ』（世界史リブレット），山川出版社，2018年
グスタフソン，ハラルド（古谷大輔訳）「礫岩のような国家」前掲『礫岩のようなヨーロッパ』
ケーニヒスバーガ，H. G.（後藤はる美訳）「複合国家・代表議会・アメリカ革命」前掲『礫岩のようなヨーロッパ』
佐々木真『図説　フランス史 増補2版』河出書房新社，2022年
佐々木真『図説　ルイ14世』河出書房新社，2018年
高澤紀恵，ギヨーム・カレ編『「身分」を交差させる──日本とフランスの近世』東京大学出版会，2023年
遅塚忠躬『史学概論』東京大学出版会，2010年
二宮宏之「フランス絶対王政の統治構造」『二宮宏之著作集 3 ソシアビリテと権力の社会史』岩波書店，2011年（初出1979年）
宮間純一「旧藩社会と旧藩意識」『歴史評論』864号，2022年4月
歴史学研究会「特集 近世化を考える」『歴史学研究』821，822号，2006年

（佐々木　真）

コラム8　卒論と向きあった日々

歴史学との出会い

　私は大学院で歴史学を専攻し，福井県敦賀(つるが)地域の商業(工)会議所が近代日本の大陸「進出」および植民地支配といかに関係し，その構造にどのように包摂されまたは影響を与えたのか明らかにすることを研究テーマとしている。このテーマに取り組み始めたのは卒論執筆時にさかのぼる。ここでは，私がいかに歴史学と出会い，なぜこのようなテーマで卒論を執筆することになったのか。そして，なぜ大学院へ進学したのかを振り返ってみたい。

　私は韓国人留学生であり2015年に正規留学生として一橋大学社会学部に入学した。高校までは韓国で教育を受けてきたが，中位くらいの成績を維持する平凡な生徒だった。暗記に自信があったため歴史科目の成績はわりとよかったが，勉強は定期テストの直前に限られていて，歴史書を読んだりはしなかった。日本もそうだろうが，韓国では高校生になると熾烈な大学受験競争が展開される。勉強するのが好きではなかった私は，ひたすら勉強することを強いられる環境に耐えられず圧迫感を覚えていた。そういうなかで，両親から日本留学を考えてはどうかと言われた。私は6歳のとき家族で日本に1年間住んだことがあり，韓国に帰った後も日本語の勉強を続けていた。両親は私に，新たな道を提案してくれたのである。私は迷わずその場で日本留学を決心し，高校2年生から留学の準備を始めて一橋大学に入学した。

　学部1年生のとき，私は加藤圭木先生が担当する朝鮮近現代史の授業を受講した。この授業を受講した理由は，留学生活に適応できていなかった私が，日本人学生と対等な立場，もしくはより有利な立場に立って学習できると思ったからである。個人的な理由で受講した授業だったが，新鮮な発見があった。すなわち，大学で学ぶ歴史学は自分が高校まで学んできた歴史とは違うことに気づいたのである。授業を通して，歴史学は歴史家が史料に基づいて当時の社会状況を再構成し社会的に位置づける学問であり，学界で公表された成果をめぐる議論が積み重ねられた結果として歴史像が構築されることを学びとった。自分が暗記してきた歴史の事象一つをめぐっても多様な視

角に基づいた研究蓄積があり，それをめぐり研究者や市民社会との議論を経て共有財産としての歴史像が形成されることに新鮮味を覚えた。さらに，このような歴史像が不変のものではなく，史料の発掘状況などによりいつでも更新されうるものであることにも気づいた。また，「韓国史」ではない「朝鮮史」に接したことは自分の認識を見つめ直す機会となった。「韓国史」が朝鮮半島の南半分にある大韓民国の成立につながる歴史を中心に扱うのに対し，授業で学んだ「朝鮮史」は北半分の朝鮮民主主義人民共和国を含む一つの朝鮮半島，そして在日朝鮮人などディアスポラを含む一つの朝鮮民族を分析対象としていた。「韓国史」では十分に扱われてこなかった歴史が，「朝鮮史」のレベルで考えた際には重要な意味をもつ場合があることに驚きを覚えた。「朝鮮史」という概念によって，自分が一面的な歴史観にとらわれていることを認識できたのである。私は歴史学，とくに朝鮮近現代史をもっと学びたいと思うようになり，学部2年生のときに加藤先生と相談して3年次から所属する学部後期ゼミを聴講することにした。

　加藤ゼミは，主に朝鮮近現代史に関連する文献を読んで担当者がレジュメを作成し，ゼミ生同士で疑問点や論点を提示しあって議論するかたちで進められた。歴史の専門書を読んだのは，このときがほぼはじめてだった。先生から歴史学的な視点による適切なアドバイスをいただきながら，ゼミでの学びを積み重ねるなかで，私は歴史学的思考力を体得していった。

卒論に取り組む

　3年生になり加藤先生の学部ゼミに所属して朝鮮近現代史についての学びを深めた。将来については悩んでいたが，大学院に進学することも一つの可能性として考えていた。先生に大学院進学を念頭においていると話したところ，大学院ゼミに参加することを提案され，大学院ゼミにも参加することにした。私は，大学院ゼミに参加して最先端の研究成果にふれながら，歴史学を研究することがどういうことなのかを実感した。ゼミでは大学院生による研究報告が行われたが，自らの問題意識に基づいて先行研究を批判的に検討したうえで史料を分析し新しい歴史像を提示することを目標とした実証的な成果が提出された。これに対して，基礎的な事実の確認から研究の歴史的位

置づけにいたるまで，研究をさらに発展させるための議論が展開された。このような学術的な場に参加することで，歴史学とりわけ朝鮮近現代史を研究するにあたって必要な手法や視角などを習得できた。そして，自分も卒論を通して意味のある成果を出したいという気持ちが強くなっていった。

しかし，どういうテーマで卒論を執筆するかについては展望が見えていなかった。ゼミでは日本による植民地支配を中心とする朝鮮近現代史を学習してきたのだが，具体的に何について研究したいかと言えばはっきりとした答えが出なかった。そこで，まず，朝鮮史研究会編『朝鮮史研究入門』（名古屋大学出版会，2011年）など，朝鮮史の研究動向を整理した書籍を読んだ。いままで十分に研究されてこなかったことを研究してオリジナリティのある成果を出したいと思ったからだ。ところが，その過程において研究を遂行するうえで最も重要な「問題意識の設定」という課題が後景に退いた。そのため卒論構想を報告した際に，なぜそのテーマについて研究しようとするのかと質問されると，適切な説明をすることができなかった。自分の問題意識がどこにあるのかが見えていなかったため，卒論のテーマはなかなか決まらず何度もテーマを変更した。

卒論のテーマ選びに迷走していた時期に学部ゼミで行った広島合宿は大きな転機となった。合宿を通して，都市全体として被爆の実相と戦争の記憶を伝え続ける広島のなかにも，戦艦「大和」を誇らしく記憶するような施設が存在することに違和感を覚えた。地域において，「被害」の歴史は強調される一方で，「加害」の歴史は風化され，むしろ肯定的にさえ描かれていることに問題性を感じた。私は，地域社会が近代日本による朝鮮植民地支配をいかに支えていたかについてはあまり解明されていない状況をふまえて，これを明らかにすることが植民地支配構造を多角的に理解するうえで重要ではないかと考えるにいたった。

このような問題意識のもとで，加藤先生からの推薦もあって，古厩忠夫『裏日本――近代日本を問いなおす』（岩波新書，1997年）を読んだ。同書では，近代日本の資本主義確立期に政府の不均等な投資により社会資本の投資から排除された山陰・北陸地方の「裏日本」地域が大陸への関門としての役

割を果たすことで「裏日本」からの脱却をめざしたと述べられていた。ただ，同書は一つの地域に注目して地域と大陸「進出」の関係性を詳細に解明するまでにはいたっていなかった。そこで，近代においてウラジオストクおよび朝鮮北部への航路が運航して大陸への関門として注目された福井県敦賀地域に着目して卒論を執筆することにした。関連研究を読み込み，地域有力者の伝記や商業会議所の年報などの史料を分析して，「「裏日本」脱却の試みと敦賀地域の大陸進出」というタイトルで卒論を執筆した。

卒論では敦賀地域が植民地朝鮮への航路開設を通して地域発展をはかったことを明らかにしたが，その一方で多くの課題を残した。時間が限られていたために，活用できなかった史料が多く，使用した史料の分析も浅かった。不十分な分析にとどまったのは，勉強不足による分析視角の偏狭さも起因していた。朝鮮近現代史を学習してきた私は，もっぱら敦賀地域と朝鮮の関係だけを考慮して分析を行ったが，ウラジオストク航路が運航していたことや朝鮮航路が中国侵略と深く関係していたことをふまえて，より広い視野から検討する必要があった。それとともに，日本史の文脈から敦賀地域の大陸「進出」を眺望する作業も必要であった。卒論における成果と限界を感じた私は，研究を発展させたいと思い大学院に進学した。

もう一つの卒業論文

私が大学院への進学を決心したことにはもう一つの背景がある。それは学部4年生のときに始動した，『「日韓」のモヤモヤと大学生のわたし』の制作プロジェクトに参加したことである。私を含めた5人のゼミ生は，日本社会で若い世代を中心に韓国文化が流行っているにもかかわらず朝鮮植民地支配の歴史が忘れられている現状を問題視し，日常生活で遭遇する「日韓」にまつわる問題を切り口に歴史を解説する日朝近現代入門書の制作に取り組んだ。ここでは歴史の解説にとどまらず，私たちがモヤモヤし葛藤して朝鮮史と向きあうことになった経験などをエッセイとしてまとめることで，読者とモヤモヤを共有し読者にモヤモヤと向きあうきっかけを提供することをめざした。

私は卒論の執筆も同時に進めていたので多くの原稿は担当できなかった

が，歴史を解説する原稿は学界の研究成果に基づきながら史料にふれる，いままで習得してきた歴史学の方法論に則って執筆した。ただ，エッセイに関しては韓国人である私がどういう経験談を書けばいいのかわからなかった。悩んだ末に，何年か前に亡くなった，日本生まれで解放直後に朝鮮半島に帰った祖父の話を書くことにした。当初は本制作のために執筆した原稿であったが，このエッセイを執筆するなかで重要な気づきを得た。祖父が日本で生まれた事実は知っていたが，家族から具体的な話を聞き，植民地支配構造のなかで祖父の話を位置づけることで，歴史と自分，そして自分と現代社会の関係性を連続的に考えることができるようになった。つまり，歴史は自分を取り巻く話であり，社会は個々人を取り巻く話が蓄積されている集合体である。現代社会を歴史的な文脈のもとで自分ごととして理解しようとする姿勢の重要性を実感したのである。実際に，このエッセイを執筆したことで，いままで学術的にしか理解できていなかった問題を自分ごととしてとらえることができ，さまざまな活動にかかわることになった。このような経験は大学院に進学して歴史学研究を通じて現代的課題の解決に貢献したいという考えにつながった。入門書制作プロジェクトは新しいステップに進めるきっかけとなった点で，もう一つの卒論だと言える。

　以上のような経験を振り返ってみると，卒論は学部時代の学びを自分なりに総括した結果物であるとともに，これまで認知できなかったことを浮かび上がらせて新たな道を提示するものであった。私は，これからも歴史学研究を通して学びを大切にしながら新しい可能性を切り開いていきたい。

参考文献
　加藤圭木監修・一橋大学社会学部加藤圭木ゼミナール編『「日韓」のモヤモヤと大学生のわたし』大月書店，2021年
　加藤圭木監修／朝倉希実加・李相眞・牛木未来・沖田まい・熊野功英編『ひろがる「日韓」のモヤモヤとわたしたち』大月書店，2023年
　加藤圭木監修／一橋大学社会学部加藤圭木ゼミナール編『大学生が推す　深掘りソウルガイド』大月書店，2024年

（李　相眞）

コラム9　そして研究へ──西洋史への入口

きっかけ

　このコラムは，筆者が学部生の頃にどのように卒業論文のテーマを決め，どのように研究者をめざすようになったのかを振り返ったものである。私は2004年に史学科を卒業し，修士課程と博士課程，そして留学を経て，2015年にドイツで博士論文を提出した。現在は京都にある大学で西洋史の教員をしている。以下で記すことは，そんな筆者の個人的な体験にすぎないが，これから卒業論文を書こうとしている人と共有できる部分があればと思う。

　私が西洋史研究の道を選んだのには，これというきっかけがあったわけではない。ただ昔から歴史が好きだったので，大学受験の頃には，史学科に進んで歴史家をめざすことを漠然と決めていた。しかし「歴史オタク」だったわけではない。映画『インディ・ジョーンズ』の主人公に憧れ，横山光輝の漫画『三国志』を全巻読み，司馬遼太郎や塩野七生の歴史小説を何冊か読んだことがある，という程度の「歴史好き」だった。専攻に西洋史を選んだのも，なんとなくロマンを感じたからである。いま振り返ると，まぁいいかげんなものだ。

　動機がそんなだったから，大学1～2年生のときに史学概論や西洋史の特殊講義を受けてみて，想像していたのとはずいぶん違うのだなと感じた。また演習や期末レポートのために研究書をはじめてちゃんと読んだのもこの時期である。歴史小説はスラスラ読めるのに対して，研究書はなんて読みにくいのだろうと思った。後からわかったことだが，小説では基本的に著者の感覚に基づいて判断を下すことが許されているのに対し，歴史家はいちいち自説の根拠を示しながら論を進めねばならないので，文章がモタモタしているように感じたのである（この点については，小田中直樹『歴史学ってなんだ？』[24-39頁]でわかりやすく解説されている）。

　実際，史学科ではこれらのギャップに「幻滅」してドロップアウトする学生も少なくない。ただ私の場合は，しつこく根拠を問い続ける歴史家の姿勢や，想像と検証を繰り返しながら少しずつ時代像を描いていく営みに，小説

や漫画とはまた違う魅力を感じるようになった。そして卒業論文が視野に入ってくる3年生になると，自分の力で一つの時代を描き出してみたいと思うようになる。原動力となったのは，17世紀への興味関心だった。

テーマ探し

17世紀と言えば，アレクサンドル・デュマの小説『三銃士』の時代である。『ダルタニアン物語』という長編の一部にあたるこの作品について，当時の私は例によって通俗的な知識しかもたなかった。それでも，子どもの頃からアニメや映画を通じて何度もふれてきた世界である。銃士と宰相リシュリューの対決や，フランスとイギリスを股にかけた冒険譚が好きだった。また銃士たちが，剣と銃という，いわば「古い」武器と「新しい」武器を同時に使っていることも気になっていた。これは，17世紀という時代が一種の過渡期であることを象徴的に示しているように思えたのである。そうした時代の移り変わりを歴史学の視点からとらえ，描き出してみたくなった。

こうして私は17世紀に注目し，「剣と銃の時代」あるいは「過渡期」といった，かなり大雑把なイメージを手がかりにテーマ探しを始めることになる。ただし三銃士の舞台であるフランスにはこだわらず，ドイツに目を向けることにした。大学の第二外国語ではすでにドイツ語を履修していたし，三銃士と同じ時代の他国に目を向けるほうがおもしろいと思ったからだ。それに17世紀と言えば，神聖ローマ帝国と呼ばれた当時のドイツで，三十年戦争（1618-1648年）という大きな戦乱があった時期にあたる。「剣と銃」，あるいは「過渡期」といった要素には事欠かない気がした。

これらの興味関心を卒業論文としてかたちにしていくため，私は三十年戦争期の軍隊に着目することに決め，何人かの先生に相談した。ちなみに西洋史では，指導教員をはじめとする学科の先生と自分の研究領域が重なることはほとんどない。私の場合，指導教員は近現代フランスが専門で，相談に乗ってくれた他の先生は中世フランドル（いまのベルギー）が専門だった。だから西洋史の学生は，自分のテーマに関する細かい知識を教えてもらうのではなく，文献の探し方や卒業論文の方向性について助言を得る心づもりでいたほうがよい。

ともあれ，私は先生たちと面談を重ね，図書館での文献調査を進めていくうちに，「剣と銃の時代」という着想があながち的外れではなかったと知ることになる。火薬兵器の普及にともなう戦争と社会の変化について，欧米の歴史家の間では「軍事革命」論争と呼ばれる活発な議論がされていて，邦訳文献もあることがわかったのである。ただし三十年戦争に関しては，日本ではほとんど研究が進んでいないことが判明した。これは日本語で読める文献が少ないことを意味する。

語学と史料

　そんなわけで，私は学部3年生から4年生の夏にかけて，日本語だけでなく英語とドイツ語の文献も読み進めていくことになる。ただ，ここで強調しておきたいのは，まずテーマがあって，次に語学が来るということである。西洋史の卒業論文だからと言って，無理に外国語の文献を読む必要はない。テーマしだいでは，邦語文献だけで十分ということもある。私の場合は，日本語で書かれた研究書が少なく，英語やドイツ語を読んででも三十年戦争と軍事革命についてもっと知りたいと思ったから，せっせと洋書を読んだわけである。興味があることについて調べているのだから，語学に苦痛をおぼえることもない。大事なのは，語学のモチベーションが上がるようなテーマを見つけることなのである。

　同じことは史料にも多かれ少なかれあてはまる。と言っても，卒業論文では研究文献をまずしっかり読むことのほうが大事なので，以下に書くことは，西洋史で修士，博士と進んだときにひらけてくる世界のこととして受けとめてもらえればと思う。

　史料には，当時の人の手で書かれた「手稿史料」と，活字化された「刊行史料」がある。たとえば17世紀に貴族が交わした手紙や，商人の会計簿，あるいは修道女の日記などは手稿史料にあてはまる。最近はインターネットでの閲覧やダウンロードができる史料も増えたが，多くの場合は現地の文書館で調査する必要がある。これらの手稿史料を研究者が解読し，すべてあるいは一部を活字として出版したものが，刊行史料である。ただし17世紀当時のものでも，活字で出版された本やビラ等は刊行史料に含まれる。日本の西

洋史学では，一般的に修士論文までは刊行史料に基づいて書くと言ってよい。

問題は博士課程以降である。自分のテーマを追究するうえで手稿史料が必要でなければ，それはそれでまったくよいのだが，必要になりそうなときはどうしたらよいのか。ただでさえ外国語なうえに，何十年，何百年も昔に人の手で書かれた文章である。読むには相応の時間と労力を要する。しかしここでも大事なのは，自分がそのテーマについて，手稿を用いてでも探求したいかどうかだと思う。すごくやりたいテーマがあって，そのためには手稿を読まなければいけない。ところがまわりには無理だと言う人がいる。そういうときは自分を信じてほしい。根気よく続ければ，解読自体は少しずつなんとかなるものだから。

ちなみに私はドイツで博士論文を書いたとき，三十年戦争期の軍隊の行政文書や，貴族の手紙を史料として用いた。いまでも，17世紀の人びとが書いた手稿を読んでいると，いかにも「歴史家」という気がして，少しうれしい。子どもっぽいようだが，地道な作業が多い研究生活のなかで，こうした素朴なモチベーションは大事にしたいと思う。

文章を書く

横道にそれてしまったが，話を学部生の頃に戻す。3〜4年生にかけて卒業論文を準備する段階では，文献を読み進める一方，レポートの作成を通じて文章の書き方を学んだ。特殊講義などで課された学期末レポートは，とくに思い入れのないテーマに取り組まなければならないという点で億劫だったが，テーマを探す必要がないという意味では楽でもある。そして興味のあるなしにかかわらず，一つの事柄について調べ，情報を整理し，論理的な文章としてアウトプットする作業は，卒業論文に取り組むための基礎体力づくりになった。

文章の書き方は個人のスタイルに左右されるところが大きいので一概には言えないが，私の場合，学部生の頃に学び，いまでも論文を書くときに念頭においているのは次の点である。まず，やみくもに書くのではなく，命題（テーゼ）をある程度まで考えてから文章を書き始める。たとえば「Aという出来事では，人物Bだけでなく人物Cが重要な意味をもった」といった具合

である。これは要するに「言いたいこと」で，最終的には一文で表現できなければならない。この命題に説得力をもたせることが文章全体の目的となるわけである。全体を構成する各章に関しても，要点を一言でまとめられるようにし，段落も気分で区切るのではなく，それぞれが意味をもつようにした。

　もちろん，実際に文章を書く作業はそうすんなりとはいかない。書き進めていくうちに命題が変わったり，破綻することもある。しかし，書き手が上記のことをはっきり意識していれば，何を言いたいのかわからない卒業論文になってしまうリスクは小さくなるはずだ。また私の場合，テーマの決め方がやや安易だったので，せめて学問的な文章を書こうと思ったのを覚えている。

そして研究へ

　こうして私は，調べに調べた文献と，自分なりに習得した文章を駆使して卒業論文を書き上げ，提出することができた。学問的に見れば，この論文自体は，欧米の研究者たちが17世紀の戦争と社会の変化について議論してきたことを整理し，細かい論点を付け加えたにすぎない。けれども個人的に振り返ってみれば，大事だったのはむしろ論文を書く過程だったのだと思う。想像力を働かせて歴史に想いを馳せるだけでなく，自分が提示した論点や時代像を粘り強く検証し，かつ文章としてアウトプットする。その大変さとおもしろさを知ったこと自体に意味があったのだと思っている。ただの「歴史好き」だった私が，研究者の道に踏み出したのはこのときだった。

　これから卒業論文に取り組む人には，まずは直感を大事にして，夢中になれるテーマを見つけてほしいと思う。そうして出会ったテーマと格闘し，卒業論文にすることができれば，大学を出て学問の世界から離れても，リサーチ力や文章力として，また自分の意見をできるだけ客観的に検証する力として，いろいろな場面で身を助けてくれるに違いない。

（斉藤恵太）

コラム10　教師をめざすみなさんへ

　大学で歴史を学ぼうと思っているみなさんのなかには，高校の先生に魅かれて，将来，歴史を教える教師になってみたいと考えている人もいるだろう。ここでは，歴史の教師になるために，大学の4年間（＋大学院の2年間）でどのような学修が必要なのか，お伝えしたいと思う。

教職課程を履修しよう

　教師になるためには，「教育職員免許法」などの法令をもとに，各大学が定めた「教職課程」と呼ばれる，教師になるために必要なカリキュラムを履修する必要がある。

　通常，歴史学を専門に学ぶ史学科などの場合，卒業に必要な単位とは別に，教職課程を履修する必要がある。じつは教職課程の履修の仕方は，取得した単位を卒業に必要な単位に繰り入れてよいかどうかも含めて，大学によって扱いが異なる。教師をめざすみなさんは大学に入学したら，必ず教職課程の履修に関するガイダンスに出席して，所属する大学のルールを確認する必要があろう。

教職課程では何を学ぶのか

　教職課程では，教育職員免許法施行規則で規定された「教育の基礎的理解に関する科目」や「道徳，総合的な学習の時間等の指導法及び生徒指導，教育相談等に関する科目」などで20単位以上，教師のあり方や関連する法令，教育の理念や歴史，教育心理学，教育方法，道徳科の指導法や教科以外の領域での指導に関するさまざまな事項を学ぶ。また，「教育実践に関する科目」の履修も定められていて，これは，教育実習や教職実践演習のことである。みなさんのなかには，高校生のときに，学校の先輩が教育実習に来ていたことを記憶している人もいることだろう。ちなみに，教職実践演習というのは，教職課程の総仕上げに位置づけられている科目で，多くの大学で4年生後期に学ぶことになっている。

　さて，教師としての最重要の仕事が，授業＝教科指導（高校地理歴史科であれば「歴史総合」や「世界史探究」などの指導）であることは言うまでもなく，

教職課程においても，教科指導に関することを学ぶ。「歴史総合」や「日本史探究」などを指導するために，どのようなことを学ぶ必要があるのか。次に見ていこう。

教科指導のために学ぶべきこと

まず，「教科に関する専門的事項」を学ぶ。これは，「日本史」「外国史」のそれぞれについて，高校での教科指導に必要となる「一般的包括的内容」と，歴史学に関する専門的な内容を学ぶものである。多くの大学では，史学科での必修科目とされている「日本史概論」とか「ヨーロッパ史概論」という科目が，「一般的包括的」な内容を学ぶ授業として教職課程で必修科目とされていることだろう。そのほかに，史学科のさまざまな科目が，教職課程の科目として認定されている。つまり，史学科としての専門的な学修に向きあうことが，歴史系の科目を教える教師としての専門性向上に密接に結びつく，ということである。歴史学に関する講義・演習，ひいては卒業論文の執筆までもが，教師としての歴史に関する専門性の涵養(かんよう)に直結するということである。

あわせて「各教科の指導法」を学ぶ。この科目では，学習指導要領で定められる，歴史教育の目標や内容を確かめつつ，授業理論や教科指導の具体的な方法・技術を身につけることになる。

みなさんに留意してほしいこと

みなさんが学んできた「歴史総合」などの高校の歴史系科目では，資料の活用を通して生徒から主体的な学習姿勢を引き出すことなどが求められており，じつは高校の先生方も指導法に苦慮されている。しかしながら，多くの大学での指導法の授業で，この点がどこまで配慮されているかは，未知数と言わざるをえない。もし，みなさんの大学の教職課程に，教科に関する専門的知識と指導法とを融合し，教材開発の手法や考え方を積極的に扱う授業が開設されていたら，ぜひ積極的に学んでほしいと思う。

ただ，正直に言うと，大学での4年間の学修だけでは，深い歴史学の知識や考え方をもとに，高等学校での歴史学習の指導に求められる技術や教材開発の考え方や手法を学ぶには不足していると私は思っている。もし事情が許

すのであれば，教職大学院を開設する大学院や引き続き教師をめざしながら修士課程に進学して，教師としてのより高度な学修・研究を深めることを考えてみてほしい。

(小嶋茂稔)

終 章
卒業論文までの道しるべ

歴史学の研究に進んでいくみなさんへ

　本書を読み進めてくれたみなさんは，専門の勉強に進むことに対する不安が，少し解消されたのではないだろうか。専門の勉強を深め卒業論文にたどり着くには，何よりも指導にあたる先生とコミュニケーションをとることが一番だ。それに同じ授業やゼミの上級生，同学年の仲間たちとの情報交換も大切だ。そばに大学院生がいれば，いろいろ聞いてみよう。場合によってはインターネットで，同じ経験をしている人の話を知るのも，悪くはない。ただし，くどいようだがこの使い方には十分注意してほしい。

　また次に紹介するように，歴史学の研究を進めていくために有効な文献は存在する。何よりも各章でふれた本がそうだが，ここでもまたいくつか紹介する。ぜひ手にとっていただきたい。

研究のあしがかりとして読んでみたい本

　概説書については本文で述べたが，それに関連して，山川出版社から『世界各国史』のシリーズが出ていて，各国，各地域の歴史が概観できる。また同社「世界史リブレット」，「世界史リブレット人」，「日本史リブレット」，「日本史リブレット人」の各シリーズは，世界と日本の歴史を網羅的に通史，テーマ史，人物に焦点をあてて概説的にまとめている。巻末に参考文献があり，まずは興味のある分野の1冊を読み，そこからほかの文献へと読み進んでゆく入口として最適である。気になるテーマや人物を必ず見つけることができるだろう。

　また各研究分野には，研究史の動向やその分野独自の研究方法を解説した

研究事典・研究入門がある。ミネルヴァ書房の『論点』シリーズ（東洋史学，西洋史学，日本史学，ジェンダー史学，2020-2023年）は，各地域や時代について，これまで歴史学の世界で論じられてきたテーマの説明と関連文献が提示されている。卒論のテーマを具体化する際に有用であろう。

日本史にそくして

　日本史の場合，ちくま新書に佐藤信編『古代史講義』（筑摩書房，2018年）ほか，各時代の歴史・人物に関する研究動向をまとめたシリーズがある。

　時代別に見ると，古代史では新古代史の会編『テーマで学ぶ日本古代史』社会・史料編，政治・外交編（吉川弘文館，2020年）は概説的に研究状況を把握するのによい。鈴木靖民ほか編『日本古代交流史入門』（勉誠出版，2017年）は東アジア世界史のなかで日本古代を考える視点を示してくれる。平安期から中世では，秋山哲雄ほか編『増補改訂新版　日本中世史入門』（勉誠出版，2021年）がある。そのほか有富純也ほか編『摂関・院政期研究を読みなおす』（思文閣出版，2023年），中世後期研究会編『室町・戦国期研究を読みなおす』（思文閣出版，2007年）が研究史や研究の現状・課題を把握する際に有用である。近世史では，山口啓二著『鎖国と開国』（岩波書店，1993年）が，近世史研究の全体的・総括的な概説としていまでも参照すべき文献である。近年のものとして，上野大輔ほか編『日本近世史入門』（勉誠出版，2024年）は，織豊・近世史の研究視角や論文執筆のノウハウを提示する。

　近現代では近年，松沢裕作・高嶋修一編『日本近・現代史研究入門』（岩波書店，2022年）が出た。本書には，研究動向と研究方法が述べられている。研究動向としては，先に紹介したシリーズのなかの，小林和幸編『明治史講義』（筑摩書房，2018年），筒井清忠『昭和史講義』（筑摩書房，2015年）などにより小テーマにかかわる研究動向を押さえることができる。

　そのほかユニークなものとして，木村茂光監修・歴史科学協議会編『戦後歴史学用語辞典』（東京堂出版，2012年）がある。これは，日本史を中心に，重要な歴史用語についてその意味と論争の経緯などをまとめている。

東洋史にそくして

　まず東アジア地域を対象としたものとして，山根幸夫ほか編『中国史研究入門　増補改訂版』上・下(山川出版社，1991-1995年)，島田虔次ほか編『アジア歴史研究入門』全5巻＋別巻(同朋舎，1983-87年)を紹介したい。さらに近年のものとして，礪波護ほか編『中国歴史研究入門』(名古屋大学出版会，2006年)，朝鮮史研究会編(糟谷憲一責任編集)『朝鮮史研究入門』(同，2011年)，小浜正子ほか編『中国ジェンダー史研究入門』(京都大学学術出版会，2018年)，田中比呂志ほか編『中国近現代史研究のスタンダード——卒業論文を書く』(研文出版，2005年)がある。このほかにも，とくに中国を対象とする研究入門書は数多い。興味のある時代・分野については，自分の力で探してみよう。

　南アジアに関しては，内藤雅雄ほか編『南アジアの歴史——複合的社会の歴史と文化』(有斐閣，2006年)が，インダス文明前から21世紀にいたるまでの南アジア(インド)世界の歴史を簡潔にまとめている。また，南アジア世界の歴史や現状について情報を得るにはどうすればよいか一覧で提示しており，入門書として最適である。

　西アジア・イスラーム世界については，小杉泰ほか編『イスラーム世界研究マニュアル』(名古屋大学出版会，2008年)が有用である。同書は，イスラームが浸透している地域からムスリムがマイノリティの地域(欧米や日本)までをカバーし，時代・地域・テーマ別に簡単な研究史と文献・史料案内があるので，自分の関心に近い項目にあげられている概説書から読み始めるとよい。なお，小松久男ほか編『中央ユーラシア史研究入門』(山川出版社，2018年)も参考になる。

　東南アジアに関して，古田元夫『東南アジア史10講』(岩波新書，2021年)は，東南アジアの古代から現代までの歴史をきわめてコンパクトにまとめている。巻末の参考文献一覧からさらに興味の幅を広げてほしい。桐山昇ほか編『東南アジアの歴史——人・物・文化の交流史』(有斐閣，2003年)は，東南アジア地域内外の交流を軸とする地域の通史を簡潔に記述している。また早瀬晋三ほか編『東南アジア史研究案内』(『岩波講座　東南アジア史』別巻，岩波書店，

2003年)は，日本を含む世界の東南アジア史研究の流れと，史料状況(どこでどのような史料を見ることができるか)を詳しく紹介している。

アフリカ史については，宮本正興・松田素二編『改訂新版　新書アフリカ史』(講談社現代新書，2018年)が人類誕生から現代までの歴史を網羅しており，有用な入門書である。

西洋史にそくして

西洋史については，以下の3点の時代別入門書がある。伊藤貞夫ほか編『西洋古代史研究入門』(東京大学出版会，1997年)，佐藤彰一ほか編『西洋中世史研究入門　増補改訂版』(名古屋大学出版会，2006年)，望田幸男ほか編『西洋近現代史研究入門　第3版』(同，2006年)。山川出版社からは，各国別の研究入門が出版されている。有賀夏紀ほか編『アメリカ史研究入門』(山川出版社，2009年)，近藤和彦編『イギリス史研究入門』(同，2010年)，佐藤彰一ほか編『フランス史研究入門』(同，2011年)，木村靖二ほか編『ドイツ史研究入門』(同，2014年)。阿部俊大ほか編『スペイン・ポルトガル史研究入門』(同，2024年)。また，以下の文献解題シリーズも有用である。松本宣郎ほか編『文献解説　ヨーロッパの成立と発展』(南窓社，2007年)，中野隆生ほか編『文献解説　西洋近現代史1　近世ヨーロッパの拡大』(同，2012年)，同『文献解説　西洋近現代史2　近代世界の確立と展開』(同，2011年)，同『文献解説　西洋近現代史3　現代の欧米世界』(同，2011年)。

歴史を見る斬新な切り口

国家や地域という枠組みを越えて世界史を考えるものとして，水島司編『グローバル・ヒストリーの挑戦』(山川出版社，2008年)がある。高校までの歴史は国別・地域別に整理されがちだが，テーマによってはより広い空間を対象とする歴史学の方法もあるということを知る手がかりとなる。桃木至朗編『海域アジア史研究入門』(岩波書店，2008年)は，歴史は陸地でのみ展開されるのではなく，海も人とモノの移動を促進しながらつくられてきたということを教えてくれる。また桃木の『わかる歴史　面白い歴史　役に立つ歴史』(大阪

大学出版会，2009年）も参照したい。

　歴史を見る際に，ジェンダーの視点は非常に重要だ。三成美保ほか編『歴史を読み替える　ジェンダーから見た世界史』（大月書店，2014年）は，従来の歴史学が社会の「主流」の男性の視線で男性の活躍を述べたものがほとんどで歴史教科書も女性や「主流」でない男性に関する記述が非常に少ない，という問題意識に則って，高校世界史教科書を書き換えたものである。

　ジェンダーの視点を取り入れた歴史の見方についてさらに理解を深めるためには，姫岡とし子『ジェンダー史10講』（岩波新書，2024年）が有用である。日本史についても，久留島典子ほか編『歴史を読み替える　ジェンダーから見た日本史』（大月書店，2015年）がある。また河村貞枝ほか編『イギリス近現代女性史研究入門』（青木書店，2006年），姫岡とし子ほか編『ドイツ近現代ジェンダー史入門』（同，2009年），有賀夏紀ほか編『アメリカ・ジェンダー史研究入門』（同，2010年）も参照してほしい。これらは，どのような視点から歴史を見るかによって，歴史解釈・歴史像が大きく変わってくるというきわめて重要な事柄を教えてくれる。

論文の書き方のようなもの

　論文の書き方，レポートの書き方については，これまで多く出版されてきている。斉藤孝ほか『学術論文の技法　新訂版』（日本エディタースクール出版部，2005年）は，歴史家によって書かれ，長く読み継がれてきた本の新訂版だ。そのほか，西洋史では，井上浩一『私もできる西洋史研究——仮想（バーチャル）大学に学ぶ』（和泉書院，2012年）が有用である。これには論文の書き方など，西洋史の研究方法が的確に解説されている。さらに鹿島茂『勝つための論文の書き方』（文春新書，2003年）は，論文を書く際の「問題の立て方」に多くの紙幅を割いており，学生にも読みやすく示唆的である。松沢裕作『歴史学はこう考える』（ちくま新書，2024年）は，日本近代史のいくつかの論文を取り上げ，「論文はどのように組みたてられているか」を分析している。少し高度だが，論文の書き方への応用ができるので紹介したい。

卒業論文のテーマを探す経験など

　卒業論文については，先の論文の書き方についての著作の多くに，かなり詳しく書かれている。どんなきっかけでそのテーマを選んだか，という経験談やテーマ設定の仕方としては，本書のコラム8，9のほか，たとえば歴史科学協議会編の雑誌『歴史評論』が，何回か特集を組んでいる。少し古いが2012年5月号は「歴史学入門号　歴史学をどう学ぶか」，2013年5月号は「歴史学の名著を読もう」という特集であり，歴史学への入門から，卒業論文への向きあい方まで取り上げられている。ちなみに，この企画には本書の執筆者も少なからずかかわっているので，その意味でもおすすめである。また，図書館などで見られると思うが，歴史科学協議会編『卒業論文を書く——テーマ設定と史料の扱い方』（山川出版社，1997年）という本もある。また，大学の歴史学研究室などが，学生のために作成したマニュアルなどを公開していることがある。

　さて，私たちからみなさんに伝えたいことは，ほかにもいろいろあるけれど，最低限必要だと思われることは書いたと思う。ここで紹介した本も手がかりにして，勉強を進めてほしい。そうすれば，卒業論文というかたちで結実する大学での歴史学研究の道を，着実にそして楽しく歩んでいくことができると，私たちは確信している。

（大学の歴史教育を考える会）

図版出典一覧

第1章：資料1 『2025年受験用　全国大学入試問題正解　⑮世界史』旺文社，2024年．資料2　国立劇場蔵

第2章：図5　ラージャ　Tamil Wiki（https://tamil.wiki/wiki/M.C._Rajah）CC BY-SA 4.0

第3章：図1　原作・山田鐘人／作画・アベツカサ『葬送のフリーレン』第1巻，小学館，2020年．図2　幸村誠『ヴィンランド・サガ』第1巻，講談社，2019年

コラム3：図1・図2　筆者撮影

コラム4：図1　Investing.com（https://www.investing.com/equities/google-inc-chart 2024年11月25日閲覧），図2　Tim Hitchcock and William J. Turkel, 'The Old Bailey Proceedings, 1674-1913: Text Mining for Evidence of Court Behavior', *Law and History Review*, Vol. 34, No. 4, 2016, pp. 929-955（Annotated article version, available from https://doi.org/10.31835/ma.2021.09　2024年11月25日閲覧）

コラム6：図1　花園大学所蔵俣賀家文書一八

第14章：図1・図2　筆者撮影

第15章：図1　Smarthistory-15th-century Spanish painting, an introductionより作成

（出所を記載していない図版は、パブリックドメイン）

あとがき

　本書の初版は，企画が2014年に始まり，16年の11月に出版された。以来，ありがたいことに多くの読者を得て，現在まで6刷を重ねている。しかし，2018年度に告示された学習指導要領により，高等学校では，「歴史総合」という新しい科目が誕生し，世界史や日本史も従来のA・B科目は解消されて，「世界史探究」「日本史探究」へと再編された。そして，2022年度より「歴史総合」の，2023年度より「世界史探究」「日本史探究」の授業が始まっている。さらに，大学入学共通テストも新課程に対応したものへと「進化」して，史資料の読み解きなどを求めるものになったのである。この新しい事態へ対応するために，本書の第2版を出版する計画が立ち上がった。その呼びかけ人である大月書店の角田三佳さんは，全体構成の見直しや内容の検討において，私たち執筆者に的確なアドバイスを与え続けてくれたことをここに記しておきたい。

　さて，初版当初の企画案から約10年。執筆メンバーもそれなりに経験を重ね（つまり年をとり），コロナ禍にともなう教育環境の激変や，学生たちの質的な変化にとまどいながらも，それでも変わらない歴史への情熱をもった学生との出会いによって励まされ，また自らを鼓舞しながら，それぞれの職場で教育実践の試行錯誤を行ってきた。それらをふまえた第2版の作成にあたり，私たちは2023年10月から24年11月まで，午前・午後におよぶ4回の編集会議を対面で行った。10名の高校・大学教員と編集者が大月書店の狭い会議室に集まり，互いの表情の変化なども感じながら議論を行うことができたのは，得がたい経験であったと言えよう。それぞれが本務をもち，忙しいなかではあった。しかし，Zoomなどの画面越しではなく，直接議論を行うことで，歴史を学ぶ学生たちにメッセージを届けたいと思うメンバーの気持ちを再確認することができたのである。この話し合いのなかで，初版の骨子を変える必要はないが，いくつかの点で内容のアップデートをすることや，新しい視点を盛り込むことで合意を見たのであった。その試みがどこまで成

功しているかについては，本書を読んで確かめていただければと思う。

　いまとなっては「高大連携歴史教育研究会」の活動など，全国各地で大学教員と高校教員が授業内容の改善や，入試問題の検討などを行うことも多くなってきたが，本書の取り組みはそのなかでも比較的早いものであったのではないかと自負している。第Ⅰ部「歴史学へのいざない」は，高校における歴史教育と，大学でのそれは地続きであることを述べたものである。そして私たちは，大学入試に向けてのみなさんの学び（つまり高校における歴史学習）が，大学での探究や社会に出てからの人生にとって，大いに「役に立つ」ものであると声を大にして言いたいのだ。たとえば，「歴史総合」の学習で身につけた「資料から情報を読みとったりまとめたりする技能」や「問いを表現する」学習などは，「世界史探究」や「日本史探究」によってさらに磨きをかけられたことだろう。その際，知識を覚えることは大切で，それはただの「暗記」とは異なり，出来事の背後に存在する（もしくは存在しない）「真実」を明らかにするための第一歩になっていることが，高校の授業のなかで体感できるようになってきたのではないか。その「知識・理解」をもとにして，全国の高校教員は，「主体的・対話的で深い学び」の実践に向けて，日々試行錯誤を続けているのだ（と私たちは信じている）。

　であるならば，高校教員が投げたボールを大学教員が受けて，それを大学生にどのように提示してゆくのかが次に問われることになるはずだ。本書の第Ⅱ部「歴史学がわかる――学びのツボ」や第Ⅲ部「歴史学を身につける――研究への橋渡し」では，卒業論文を書くことを一つの到達点として，学問としての歴史学の学び方をステップアップできるように制度設計してみた。また，千葉大学人文社会科学系教育研究機構助教である小風尚樹さんからはデジタル時代の情報処理に関する論考を第Ⅰ部に，また，一橋大学大学院社会学研究科博士後期課程の李相眞さんからは卒論執筆の実体験を第Ⅲ部に寄せてもらったことで，本書の価値をさらに高めることができたと考えている。

　みなさんは，目の前で起きている出来事の意味を知りたいと思ったら，おそらくすぐにスマホなどを使って情報を仕入れることだろう。しかし，より

深く物事を考えたい場合には，歴史を学ぶことによって，つまり時間軸をさかのぼることによって，その根源を探究してゆくことができるのではないだろうか。スマホで検索することで簡単に手に入れた答えは，あっという間に陳腐なものになってしまうことが多い。史資料と向きあい，地道に事実を明らかにしてゆくことによって自分なりの歴史観をつかみとってゆくことができる歴史学の研究は，逆説的ではあるが変化の早い現代においてこそ「役に立つ」学問分野であると言えるのではないか。いかがだろう，私たちと一緒に世界と日本の「真実」を知りたいとは思わないか!?

2025年1月10日

大学の歴史教育を考える会を代表して　津野田興一

執筆者（※は編者）

李相眞（イ　サンジン）
1996年生まれ
一橋大学大学院社会学研究科博士後期課程（朝鮮近現代史・日朝関係史）
主要著作：『「日韓」のモヤモヤと大学生のわたし』（共編著，大月書店，2021年），『ひろがる「日韓」のモヤモヤとわたしたち』（共編著，大月書店，2023年）

加藤玄（かとう　まこと）（※）
1972年生まれ
日本女子大学文学部史学科教授（ヨーロッパ中世史）
主要著作：『ジャンヌ・ダルクと百年戦争——時空をこえて語り継がれる乙女』（山川出版社，2022年），『ジャンヌ・ダルク——預言者・戦士・聖女』（監訳，みすず書房，2024年）

鎌倉佐保（かまくら　さほ）（※）
1968年生まれ
東京都立大学人文社会学部教授（日本中世史）
主要著作：『日本中世荘園制成立史論』（塙書房，2009年），『岩波講座　日本歴史』第6巻中世1（共著，岩波書店，2013年）

川手圭一（かわて　けいいち）（※）
1960年生まれ
東京学芸大学教育学部教授（ドイツ近現代史）
主要著作：『ヴァイマル共和国の光芒』（共著，昭和堂，2007年），『ヨーロッパ学への招待』（共著，学文社，2010年）

小風尚樹（こかぜ　なおき）
1989年生まれ
千葉大学人文社会科学系教育研究機構助教（デジタル人文学・イギリス近代史）
主要著作：「アトリエに吹く風——デジタル・ヒストリーと史料」（共著，『西洋史学』268号，2019年12月），『欧米圏デジタル・ヒューマニティーズの基礎知識』（共編著，文学通信，2021年）

小嶋茂稔（こじま　しげとし）（※）
1968年生まれ
東京学芸大学教育学部教授（中国古代史・近代日本のアジア認識・東洋史学史）
主要著作：『漢代国家統治の構造と展開』（汲古書院，2009年），『光武帝——「漢委奴国王」印を授けた漢王朝の復興者』（山川出版社，2023年）

斉藤恵太（さいとう　けいた）
1981年生まれ
京都教育大学教育学部准教授（ドイツ近世史）
主要著作：「三十年戦争末期の神聖ローマ帝国における軍隊と政治——傭兵隊長ヴェルトの反乱を手がかりに」（『歴史学研究』922号，2014年9月），Das Kriegskommissariat der bayerisch-ligistischen Armee während des Dreißigjährigen Krieges（Vandenhoeck &Ruprecht, 2020）

佐々木真（ささき　まこと）（※）
1961年生まれ
駒澤大学文学部教授（フランス近世史）
主要著作：『ルイ14世期の戦争と芸術——生みだされる王権のイメージ』（作品社，2016年），『図説　フランスの歴史　増補二版』（河出書房新社，2022年）

志賀美和子（しが　みわこ）（※）
1971年生まれ
専修大学文学部歴史学科教授（インド近現代史）
主要著作：『近代インドのエリートと民衆——民族主義・共産主義・非バラモン主義の競合』（有志舎，2018年），『闘う「不可触民」——周縁から読み直すインド独立運動』（有志舎，2025年［近刊］）

津野田興一（つのだ　こういち）（※）
1965年生まれ
東京都立立川高校教諭（世界史教育）
主要著作：『世界史読書案内』（岩波ジュニア新書，2010年），『「なぜ!?」からはじめる世界史——古代〜現代70テーマを読み解き＆アップデート！』（山川出版社，2022年）

本庄十喜（ほんじょう　とき）
1980年生まれ
北海道教育大学札幌校准教授（日本現代史）
主要著作：『日韓の歴史問題をどう読み解くか——徴用工・日本軍「慰安婦」・植民地支配』（共著，新日本出版社，2020年），『平和創造学への道案内——歴史と現場から未来を拓く』（共著，法律文化社，2021年）

源川真希（みながわ　まさき）（※）
1961年生まれ
東京都立大学人文社会学部教授（日本近現代史）
主要著作：『日本近代の歴史6　総力戦のなかの日本政治』（吉川弘文館，2017年），『東京史——七つのテーマで巨大都市を読み解く』（ちくま新書，2023年）

割田聖史（わりた　さとし）（※）
1972年生まれ
青山学院大学文学部史学科教授（ドイツ・ポーランド近代史）
主要著作：『プロイセンの国家・国民・地域——19世紀前半のポーゼン州・ドイツ・ポーランド』（有志舎，2012年），『言語，文化の狭間（あいだ）で——歴史における翻訳』（共編著，三元社，2024年）

編者
大学の歴史教育を考える会
歴史学のおもしろさ・豊かさを学んでほしい，身につけてほしいと願い，授業・講義・ゼミづくりに奮闘する高校・大学の教員で構成。

DTP　岡田グラフ
装幀　森デザイン室

シリーズ　大学生の学びをつくる
わかる・身につく　歴史学の学び方　第２版

2025年２月25日　第１刷発行　　　　定価はカバーに表示してあります

編　者　大学の歴史教育を考える会
発行者　中川　進

〒113-0033　東京都文京区本郷2-27-16
発行所　株式会社　大月書店　　印刷　三晃印刷
　　　　　　　　　　　　　　　　製本　中永製本
電話（代表）03-3813-4651　FAX 03-3813-4656　振替00130-7-16387
https://www.otsukishoten.co.jp/

©Study Group for History Education at Undergraduate Level
2025

本書の内容の一部あるいは全部を無断で複写複製（コピー）することは法律で認められた場合を除き，著作者および出版社の権利の侵害となりますので，その場合にはあらかじめ小社あて許諾を求めてください

ISBN978-4-272-41245-7　C0020　Printed in Japan

深化する歴史学
史資料からよみとく新たな歴史像

歴史科学協議会編
A5判二八〇頁
本体三〇〇〇円

ロシア・ウクライナ戦争と歴史学

歴史学研究会編
四六判二七二頁
本体二八〇〇円

「日韓」のモヤモヤと大学生のわたし

加藤圭木監修
A5判一八四頁
本体一六〇〇円

大学1年生からの社会を見る眼のつくり方

大学初年次教育研究会著
A5判二七二頁
本体二〇〇〇円

――― 大月書店刊 ―――
価格税別